U0369726

绿色金融与绿色转型：理论与实务

董 辉 著

南開大學出版社
天 津

图书在版编目(CIP)数据

绿色金融与绿色转型 ：理论与实务 / 董辉著. 天津 ：南开大学出版社，2024.7. — ISBN 978-7-310-06610-0

Ⅰ. F832

中国国家版本馆 CIP 数据核字第 2024NU6754 号

绿色金融与绿色转型：理论与实务
LÜSE JINRONG YU LÜSE ZHUANXING:LILUN YU SHIWU

南开大学出版社出版发行
出版人:刘文华
地址:天津市南开区卫津路 94 号　　邮政编码:300071
营销部电话:(022)23508339　营销部传真:(022)23508542
https://nkup.nankai.edu.cn

天津午阳印刷股份有限公司印刷　全国各地新华书店经销
2024 年 7 月第 1 版　　2024 年 7 月第 1 次印刷
230×155 毫米　16 开本　13.25 印张　2 插页　175 千字
定价:66.00 元

如遇图书印装质量问题,请与本社营销部联系调换,电话:(022)23508339

本书获得 2024 年河北省教育厅青年基金项目“双碳背景下河北省钢铁行业绿色发展路径研究”（项目编号：SQ2024024）和河北水利电力学院 2023 年度高校基本科研业务费第一批资助项目“双碳背景下河北省电力市场与绿色金融协同发展研究”（项目编号：SYKY2303）支持。

序言

在这个挑战与机遇并存的时代，我们站在了历史的交汇点上，面对着全球气候变化的严峻挑战，肩负着推动可持续发展的重任。2023年初，当我在撰写校级和河北省教育厅和河北水利电力学院校级课题申报书时，心中充满了对绿色金融与绿色转型的好奇与憧憬，隐约感觉论文好像不足以充分阐述研究成果。我深知，绿色金融作为实现经济与环境和谐共生的重要工具，但与绿色转型会如何相互作用还需进一步探究，怀着这份对绿色未来的兴趣，支撑着我在 2024 年春节期间，完成了本书的初稿。

本书得益于河北省教育厅青年基金项目“双碳背景下河北省钢铁行业绿色发展路径研究”（项目编号：SQ2024024）和河北水利电力学院 2023 年度高校基本科研业务费第一批资助项目“双碳背景下河北省电力市场与绿色金融协同发展研究”（项目编号：SYKY2303）的大力支持。这些资助不仅为我提供了宝贵的研究资源，更给予了我无尽的精神鼓励。在此，要向所有支持和帮助过我的同人表示最诚挚的感谢。

绿色金融，这个概念在今天已经不再陌生。它不仅仅是金融领域的一次创新，更是人类文明进步的一次飞跃。它关乎的不仅仅是经济的增长，更是我们赖以生存的地球家园的未来。在这本书中，我试图以简洁的语言，将绿色金融的理论与实务讲解清楚，希望能够为那些致力于绿色发展的同人们提供一些思考与启示。

从绿色金融的起源到发展，从政策框架到市场实践，从绿色信贷到绿色债券，从绿色保险到绿色基金，再到碳金融，本书试图勾勒出一个较为完整的绿色金融体系。同时，我也将目光投向那些在绿色转型道路上勇敢探索的行业，特别是电力、钢铁行业，它们如今正努力蜕变为绿色发展的先行者。本书的最后篇章，对金融科技和转型金融在助力绿色金融、促进行业绿色转型方面的作用做出了阐述。书中所使用的数据主要来自中国人民银行、国家发展和改革委员会、中国证券监督管理委员会、财政部、生态环境部、中国保险业协会、中国证券投资基金业协会等部门或机构官方公布的信息，省级层面的数据和案例则主要来源于地方政府、中国人民银行地方分支机构等官方网站。

本书的完稿得到了很多方面的支持。首先，特别感谢燕山大学经济管理学院的老师们以及上海财经大学的老师和校友们，感谢大家在多个时间点无私热情的指导与帮助，每一次向大家请教和探讨都让我受益匪浅，每一次与大家重聚，都能受到鼓励，都让我感到幸福无比。其次，感谢南开大学经济学院的老师们，在 2023 年秋季短短半年的进修时间里，我旁听胡昭玲老师、王健老师、赵娜老师的课程，通过课程观摩与课下交流，感受到她们对教学的热爱和付出，在向赵红梅老师、胡秋阳老师多次请教中，感悟到她们对学生的关心、关爱以及对科研的不懈追求。最后，感谢南开大学出版社，感谢赵珊编辑耐心与细致的工作。但是，因为作者自身水平所限，书中难免有错误与疏漏之处，文责自负，与提供支持的专家学者无关。未来，我将不忘初心，积极探索，立足国家经济发展重要问题，围绕绿色金融更好服务实体经济做出更多研究与探索。

董　辉

2024 年 2 月

目　录

第一篇　绿色金融基础知识

第二篇 绿色金融与绿色转型实务案例

第三篇 绿色金融与绿色转型未来发展方向

第一篇　绿色金融基础知识

第一章　绿色金融的起源与发展

第一节　绿色金融的起源与发展

一、绿色金融概念的诞生

绿色理念的产生源于工业文明时期资源环境问题的日益凸显。自18世纪下半叶的第一次工业革命起，西方国家的工业发展依赖煤炭、冶金、化工等高污染产业，导致严重的空气污染、水体污染和土地污染。19世纪后半叶，第二次工业革命进一步加剧了资源消耗和环境污染。20世纪中叶，环境公害事件频发，同时化石燃料的大量使用造成温室气体累积排放，引发了气候变化问题，对全球政治、经济、生态、环境、粮食安全、人口迁移和国际安全构成威胁。

面对资源枯竭、生态失衡等危机，多位学者进行了深刻的生态反思。经济学家如马尔萨斯、亚当·斯密、大卫·李嘉图以及新古典经济学派的马歇尔和克拉克等人，通过理论分析指出资源稀缺性和经济增长的矛盾，强调合理优化资源配置的必要性。这些思想为绿色理念的诞生提供了理论支持，也为后来绿色金融的发展奠定了基础。

绿色金融的提出可以追溯至20世纪70年代，当时全球工业化进程加速，环境污染问题日益严重。

绿色金融的初步理念主要集中在资源节约和环境保护上，例如，

1974 年德国政府主导成立的“生态银行（GLSBank）”[①]，专门为难以从传统渠道获得资金的环保项目提供资金支持，这标志着绿色金融实践的早期探索。1991 年，联合国环境与发展大会（UNCED）在筹备和讨论《21 世纪议程》的过程中逐渐形成绿色金融的概念。[②]该议程强调环境、经济和社会三者之间的平衡，为绿色金融的发展奠定了理论基础。

《京都议定书》（*Kyoto Protocol*）是《联合国气候变化框架公约》（*United Nations Framework Convention on Climate Change*，UNFCCC）的补充协议，于 1997 年 12 月在日本京都通过，其签署是应对全球气候变化的一个重大里程碑。它要求发达国家根据商定的具体目标限制和减少温室气体的排放量。这些目标是通过“附件 B”中所载的量化的限制和减少排放的承诺来实现的，旨在使这些国家的温室气体排放总量在 2008 年至 2012 年的承诺期内不超过 1990 年的水平。《京都议定书》的实施为绿色金融提供了政策支持和市场需求，因为它鼓励对低碳技术和可再生能源的投资，而这些领域是绿色金融关注的重点。《京都议定书》通过设定具体的减排目标和市场机制，为绿色金融的发展提供了政策基础和激励，促进了全球范围内对环境友好型投资的关注和实践。

近年来，绿色金融在应对气候变化方面发挥着关键作用，特别是在实现碳中和目标和推动全球气候治理方面。这一理念的升级和全球接受度的提升，是在《联合国气候变化框架公约》和《巴黎协定》等国际文件的背景下实现的。

2015 年 12 月，联合国 195 个成员国在法国巴黎举行的第 21 届联合国气候变化大会（COP21）上通过了《巴黎协定》。该协定旨在加强

① 孙红英. 绿色金融：全球化趋势下的区域经济新增长点——以广州市花都区为例[J]. 广州社会主义学院学报，2018（02）：108-112.

②《21 世纪议程》是一个全球性的可持续发展框架，它在 1992 年的联合国环境与发展大会上通过，旨在指导国际社会在经济、社会和环境领域实现可持续发展。

全球应对气候变化的行动，以限制全球平均温度升高幅度低于 2 摄氏度，努力将其限制在 1.5 摄氏度以内。《巴黎协定》的核心内容包括全球碳排放峰值等。

《巴黎协定》的通过标志着全球气候治理进入了一个新阶段，绿色金融作为实现这些目标的重要工具，其理念和实践在全球范围内得到了更广泛的接受和应用。绿色金融通过引导资本流向低碳、气候适应和环境友好型项目，促进了经济结构的绿色转型，为实现全球气候目标提供了金融支持。

为推进全球气候目标，特别是《巴黎协定》中关于限制全球平均温度升高幅度的目标，确实需要大规模的绿色投资。在 2021 年 7 月 24 日的全球财富管理论坛 2021 北京峰会上，中国气候变化事务特使解振华表示，中国在实现碳达峰和碳中和的目标过程中，据有关机构的测算，实现碳中和目标大体上需要 136 万亿元人民币的投入。这包括在清洁能源、绿色交通、节能建筑等领域的投资，以促进实体经济的绿色转型。

在这些国际协议和议程的推动下，绿色金融逐渐从理论走向实践，成为全球金融业发展的一个重要方向。随着各国政府对环境问题认识的加深和可持续发展目标的明确，绿色金融在全球范围内得到越来越广泛的接受和实施。

二、绿色金融的发展路线

绿色金融理念的历史变迁过程从不同视角来看有两条发展主线，一为理念诠释角度，二为金融目标角度。

在理念诠释方面，绿色金融经历了从资源节约和环境保护到可持续发展，再到气候、生态与人类命运共同体的深化。这一过程是在人类对全球环境问题日益严重的认识和应对气候变化的迫切需求下，逐渐发展起来的。20 世纪 70 年代，随着工业化的加速和环境问题的凸显，人们开始意识到经济发展与环境保护之间的矛盾。这一时期，绿色金融的初步理念主要集中在资源节约和环境保护上，强调通过金融手段支持环保项目，减少对环境的负面影响。进入21世纪，随着可持续发展理念的提出，绿色金融的诠释开始扩展到更广泛的领域，包括社会和经济的可持续性。这一阶段，绿色金融不仅关注环境问题，还关注社会福祉和经济的长期稳定增长。随着气候变化问题日益严峻，绿色金融的理念进一步深化，开始强调气候、生态与人类命运共同体的重要性。这一阶段，绿色金融的目标不仅仅是环境保护，还包括应对气候变化、促进生态平衡，以及确保人类社会的长远发展。

从金融目标角度来看，绿色金融最初目标主要是挖掘和承担环境责任，通过金融活动支持环保项目。随着时间的推移，绿色金融的目标转向建立可持续金融概念和体系，包括发展绿色信贷、绿色债券、绿色基金等金融产品，以及推动金融机构的环境信息披露和风险管理。近来，绿色金融的目标进一步深化为全面整合与配置金融资源以应对气候变化。这包括支持低碳技术的研发和应用，促进绿色经济的转型，以及通过金融创新来降低碳排放和应对气候变化带来的挑战。这一阶段的绿色金融更加注重系统性和整体性，旨在通过金融手段促进全球气候治理和生态保护。

当日益突出的工业文明资源环境问题让人们反思并产生“绿色”理念后，人们逐渐意识到可持续发展的必要性，进而产生了更广泛的可持续金融的理念。最早对环境与经济之间复杂关系的思考来自调研报告《增长的极限》（*the Limits to Growth*），这份研究报告是在20世纪70年代全球环境问题日益严重的背景下产生的。当时，工业化进程加速，人口增长迅速，资源消耗和环境污染问题日益凸显。《增长的极限》是1972年罗马俱乐部（Club of Rome）委托美国麻省理工学院学者丹尼斯·米都斯（Dennis Meadows）领导的团队发布的。这份报告基于系统动力学模型，试图模拟和预测全球系统在资源有限的情况下，人类活动（如人口增长、工业化、资源消耗和污染）对环境的影响。报告的核心观点是，地球的生态承载力是有限的，资源的数量也是有限的，而当时的经济增长模式建立在过度消耗资源和环境破坏的基础上，没有充分考虑地球系统的承载能力。这种模式被认为是不可持续的，因为它忽视了环境和资源的长期可持续性。《增长的极限》的发布，引发了全球范围内对可持续发展和环境问题的广泛关注和讨论，对后来的环境政策和可持续发展理念产生了深远影响。

随后，有许多国际机构对于可持续发展相关概念做出了诠释和规范，具体内容如表 1-1 所示。

表 1-1 不同国际机构提出的可持续发展相关理念

年份	机构	报告	核心观点
1987 年	世界环境与发展委员会	《我们共同的未来》	首次提出了“可持续发展”的概念
1992 年	联合国环境与发展大会	《关于环境与发展里约热内卢宣言》和《21 世纪议程》	以“可持续发展”为方针
1992 年	联合国环境规划署及部分商业银行	《银行界关于环境与可持续发展的声明》	首次提出“可持续金融”的概念
2002 年	花旗银行、荷兰银行、巴克莱银行等 10 家国际大银行	赤道原则	旨在指导金融机构在提供项目融资时，如何评估和管理与项目相关的环境和社会风险
2014 年	世界银行	《环境与社会框架》	为可持续发展项目提供一套环境和社会影响评估的标准和指南

资料来源：根据国际机构官网资料整理。

三、绿色金融的作用原理

绿色金融作为引导资源配置的重要工具，可以从外部性和产权的角度来理解其在应对气候变化中的作用。外部性指的是经济活动中未被市场价格反映的成本或收益，例如，环境污染的负面影响，尤其在 21 世纪，碳排放成为了最大的负外部性问题。绿色金融存在环境正外部性，但在发展初期，绿色产品或服务的成本往往高于传统产品，这就形成了绿色溢价（即绿色产品或服务相对于传统产品或服务的额外成本），因此绿色发展更依赖政府提供与支持，但政府资金总量远远不够，因此需要引入市场资源和社会资金进行补充。

从产权角度来看，绿色金融倾向推动社会资本进入低绿色溢价的产业，主要是因为产权的界定和市场化能够促进环境外部性的内部化。当政府通过政策明确环境权益的重要性，并将其与气候目标相结合时，这为环境权益赋予了更高的价值和优先地位。在这种情况下，环境负外部性（如碳排放）开始受到政策和市场的关注，产权的界定增加了高碳产业的运营成本，同时也为低碳产业提供了发展机会。绿色金融的市场机制会响应这种政策导向，通过资金的配置优化资源分配，支持那些能够减少环境负外部性的项目和产业。随着社会资金被调动进入绿色产业，随着这些产业的规模逐渐扩大，促使技术进步和效率逐渐提高，绿色溢价会逐渐降低。当绿色产业的成本和收益与高碳产业相当时，市场资金会因为风险和收益的对比而更倾向投资低碳产业。这是因为低碳产业不仅能够获得政策支持，而且随着技术的发展和市场的成熟，其经济性也在提高。

因此，绿色金融在新阶段的资源配置中，通过促进环境权益的市场化和产权的明确，有助于降低绿色溢价，提高低碳产业的吸引力，从而推动社会资本更多地流入低碳、绿色产业，实现经济结构的绿色转型。

四、中国绿色金融发展过程

得益于政府的大力支持、相关政策的陆续出台和各类机构的积极探索，近年来中国绿色金融快速发展，特别是在“十三五”期间，中国绿色金融体系构建起基本框架，绿色金融市场逐步形成。

2015 年，中共中央、国务院印发的《生态文明体制改革总体方案》

中首次提出“建立绿色金融体系”。[①]2016年8月31日，中国人民银行等七部委共同发布了《关于构建绿色金融体系的指导意见》[②],包括35条具体的可操作政策指南，清晰阐释了“绿色金融”和“绿色金融体系”的定义，自此中国成为全球首个进行绿色金融顶层设计的国家。党的十九大报告中提出了构建绿色金融体系的目标，这是为了支持生态文明建设，推动形成绿色发展方式和生活方式。“十三五”规划（2016—2020年）进一步明确了绿色金融发展的方向，提出了一系列政策措施，旨在通过金融手段促进环境保护和资源节约。习近平总书记在党的十九大报告中指出:“加快建立绿色生产和消费的法律制度和政策导向，建立健全绿色低碳循环发展的经济体系。构建市场导向的绿色技术创新体系，发展绿色金融，壮大节能环保产业、清洁生产产业、清洁能源产业。”[③]

五、绿色金融的理论研究

通过检索中国知网可知，从2000年至2024年，以“绿色金融”作为关键词搜索北大中文核心期刊和中文社会科学引文索引（CSSCI）期刊所刊登的文章共1,092篇，2014年以前发文数量较少，随后增长明显，尤其近三年增长显著，2023年更创下新高，达到194篇，因此，绿色金融当前为中国学者研究热门选题。综观现有研究，绿色金融已有文献主要沿着以下四个主线展开：一是绿色金融内涵及其发展必要性；二是从微观或者宏观视角对绿色金融评价测度；三是绿色金融对

---

① 中共中央 国务院印发《生态文明体制改革总体方案》[EB/OL]，（2016-08-31）[2023-02-13]. https://www.gov.cn/guowuyuan/2015-09/21/content_2936327.htm.

② 中国人民银行 财政部 发展改革委 环境保护部 银监会 证监会 保监会关于构建绿色金融体系的指导意见[EB/OL]，（2016-08-31）[2024-02-13]. http://www.pbc.gov.cn/goutongjiaoliu/113456/113469/3131687/index.html.

③ 习近平：决胜全面建成小康社会 夺取新时代中国特色社会主义伟大胜利——在中国共产党第十九次全国代表大会上的报告[EB/OL]，（2017-10-27）[2024-02-13]. https://www.gov.cn/zhuanti/2017-10/27/content_5234876.htm.

不同的市场主体的影响；四是绿色金融与经济可持续发展相关研究。[①]

在第一条研究主线中，学者们对绿色金融的定义进行了深入探讨，尽管存在不同的理解，但普遍认同绿色金融的核心在于促进资源节约、环境保护和可持续发展。研究者们追溯了绿色金融的起源，分析了其在不同国家和地区的发展路径，以及国际合作在推动绿色金融发展中的作用。研究者们从可持续发展的角度出发，探讨了发展绿色金融的必要性，包括绿色金融在促进低碳经济转型、应对气候变化以及支持环境友好型项目中的作用。研究指出，绿色金融不仅有助于实现环境目标，还能带来经济效益，如通过降低长期风险和成本，提高资源配置效率。

在第二条研究主线中，部分学者从微观和宏观视角对绿色金融发展进行评价，研究成果相对分散，研究方法也局限于简单指标描述，缺乏较为权威的评价指标体系和评价方法。

在第三条研究主线中，尽管定性描述和简单定量分析在绿色金融研究中仍然占有一定比例，但越来越多的研究开始采用更为复杂的计量经济学方法，如面板数据分析、事件研究等，以更准确地评估绿色金融政策的效果。研究者们开始关注绿色金融如何影响金融机构、企业和个人投资者的行为。例如，研究绿色信贷对企业环境绩效的影响，以及绿色投资对个人投资者回报的影响。

在第四条研究主线中，研究者们探讨了绿色金融如何促进经济结构的优化，以及如何通过金融手段实现经济增长与环境保护的双赢。这些研究强调了绿色金融在实现长期经济可持续发展中的关键作用。总体来看，绿色金融领域的研究正在不断深化，研究方法和视角日益多样化，但仍然存在一些挑战，如缺乏统一的评价指标体系，对绿色金融作用机理的深入理解不足等。未来的研究需要在这些方面进行更多的探索和创新。

---

① 张宇，钱水土. 绿色金融理论：一个文献综述[J].金融理论与实践，2017（09）：86-91.

第二节　绿色金融的概念

自 20 世纪 80 年代英国经济学家、联合国环境规划署顾问大卫·索罗斯提出绿色金融理论以来，不同国际组织、学术机构以及政府或者金融机构分别对其内涵进行了探讨，但由于绿色金融涉及领域广泛，存在气候金融、可持续金融等相似概念，且各机构对绿色金融的定义和内涵理解存在差异，至今关于绿色金融的内涵仍未能达成统一认识。因此，我们有必要首先对这些相关概念予以梳理和明确。

一、绿色金融与相近概念关系说明

为实现可持续发展和绿色发展，欧盟、美国等发达国家和地区为达成相应的气候目标，计划进行大规模投资以支持绿色转型。因为这些目标涉及从能源结构转型、基础设施升级、技术创新到生态系统保护等多个方面的系统性变革，因此需要大量投资予以支持。在此过程中，金融手段发挥着至关重要的作用，因为它们能够引导资本流向低碳、环保和可持续的项目，诸如可持续金融，绿色金融，气候金融（气候投融资），环境、社会和公司治理（ESG）投资等概念应运而生。值得注意的是，不同的机构对相关术语和概念的理解存在一定的差异，而且这些概念均在不断发展，但总体目标基本一致。

下图以国际资本市场协会（ICMA）官方报告《可持续金融概要释义》（*Sustainable Finance High-Level Definitions*）为依据，以图例形式说明可持续金融、绿色金融、气候金融等主要概要释义之间的关联，特别是通过框架明确这些释义所涵盖的交集和子集关系（见图 1-1）。简单来说，时期不同，主体不同，可持续发展的内涵也不尽相同，可持续金融是涵盖范围最广的概念，包含了 ESG 投资、绿色金融、社会责任金融和气候金融等，方框中所提到的经济与金融稳定，指出该定义有别于其他定义的关键词。

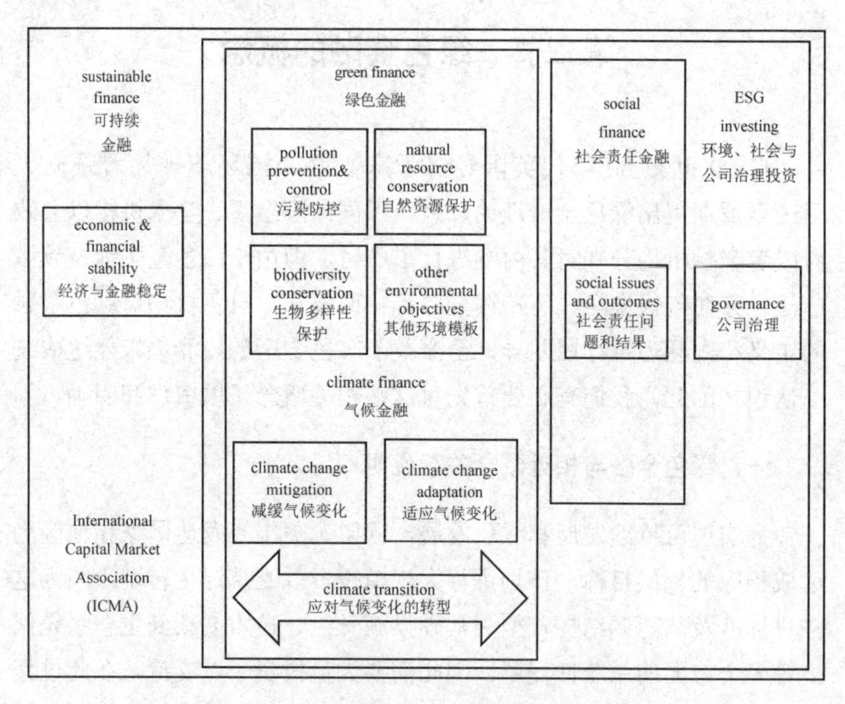

图 1-1　绿色金融和其他相近概念之间的关系

资料来源：中国银行提供的 ICMA 官方报告（*Sustainable Finance High-Level Definitions*）中文翻译版。

绿色金融和气候投融资之间的关系可以这样理解：绿色金融是一个更广泛的概念，它涵盖了包括气候投融资在内的旨在支持环境改善、应对气候变化和资源节约高效利用的经济活动的所有金融服务，具体包括对环保、节能、清洁能源、绿色交通、绿色建筑等领域的项目投融资、项目运营、风险管理等金融服务。[①]绿色金融的目标是促进经济活动与环境保护的和谐共存，推动经济向绿色化转型。

① 陈华，沈悦. 绿色金融助推数字经济发展的新思路[J]. 甘肃社会科学，2022（02）：218-225.

气候投融资则是绿色金融的一个子集，它专注于支持减缓气候变化和提高适应气候变化能力的金融活动。这包括为控制温室气体排放和提高适应气候变化能力提供资金支持，如发展可再生能源、提高能源效率、减少森林砍伐等。气候投融资强调的是应对气候变化的紧迫性和全球性，它要求资金流向那些能够直接减少温室气体排放或增强气候韧性的项目。

在可持续金融的框架下，ESG 投资和社会责任投资是两种投资策略，它们都关注投资决策中的非财务因素。从应用场景看，社会责任投资的范围确实可能大于 ESG 投资，因为它不仅包括了 ESG 因素，还可能涵盖更广泛的社会和道德问题，如劳工权益、社区发展、人权等。而 ESG 投资则更侧重于量化的环境、社会和治理因素，这些因素通常更容易被量化和评估，从而在投资决策中得到应用。

二、不同机构之间绿色金融定义的比较

本书参考 ICMA 概要释义、当前可持续金融领域的通行惯例、官方部门的专业定义，厘清绿色金融有关定义，为所有参与者和利益相关者提供可参考的统一且透明的专业术语。

表 1-2 中 6 个组织和机构对绿色金融的定义大致相同，都强调绿色金融是为了支持环境改善、应对气候变化和资源的节约与高效利用的经济活动，都强调其对环境保护和可持续发展的重要性[①]，但在具体的细节和侧重点上有所不同。

联合国环境规划署金融倡议组织（UNEP FI）强调绿色金融与气候金融的包含关系，关注资金来源，旨在支持气候相关的项目和活动。经济合作与发展组织（OECD）侧重于经济增长与环境保护的平衡，强调减少污染和温室气体排放，同时促进经济增长。二十国集团（G20）绿色金融研究小组强调绿色金融的环境效益，如减少污染、降低温室

① 周宏春. 科技与金融是实现碳达峰碳中和的双翼[J]. 科技与金融，2022（05）：7-14.

气体排放、提高资源效率，并重视环境外部性内部化。亚洲开发银行的定义则更加全面，包括金融服务、体制安排、国家倡议和政策以及各种金融产品，旨在引导资金流向环境改善和气候变化适应项目。中国人民银行等七部委定义绿色金融为支持环保、节能、清洁能源等领域的投融资、项目运营和风险管理服务。世界银行强调绿色金融在推动向可持续全球经济过渡中的作用，即通过投融资活动实现环境效益。这些定义共同强调了绿色金融在促进环境可持续性和经济发展中的关键角色，尽管侧重点各有不同。

表 1-2 绿色金融的概要释义的比较

联合国环境规划署金融倡议组织	经济合作与发展组织	二十国集团	亚洲开发银行	中国人民银行第七部委	世界银行
通常用于表示比气候金融更广泛的内容，绿色金融还包含其他环境目标和风险。绿色金融通常被理解为更为关注民间投资是否绿色，而不只是关注公共及政府相关的资金流动	为实现经济增长，同时减少污染和温室气体排放，最大限度地减少浪费，提高自然资源的使用效率而提供的金融服务	在更广泛的环境可持续发展背景下为能够取得环境效益的投资项目进行融资	为可持续的地球提供资金，涵盖了项目的金融服务、体制安排、国家倡议和政策及产品（债权、股权、保险或担保）的各个方面，旨在促进资金流向可以实现环境改善，减缓和适应气候变化，并提高自然资本保护和资源利用效率的经济活动和项目	为支持环境改善、应对气候变化和资源节约高效利用的经济活动，即对环保、节能、清洁能源、绿色交通、绿色建筑等领域的项目投融资、项目运营和风险管理等所提供的金融服务	如果要向可持续的全球经济过渡，就需要扩大提供具有环境效益的投融资，即所谓的“绿色金融”

资料来源：中国银行提供的 ICMA 官方报告（*Sustainable Finance High-Level Definitions*）中文翻译版及相关机构官网。

第三节　绿色金融主要内容

一、三大功能与五大支柱

中国人民银行等七部委于 2016 年 8 月共同出台《关于构建绿色金融体系的指导意见》，明确提出了绿色金融的定义，该文件确立了中国绿色金融体系建设的顶层架构。绿色金融的三大功能与五大支柱作为绿色金融的重要内容，其相关概念是在中国人民银行推动绿色金融发展的过程中逐步形成的，时任中国人民银行行长易纲于 2021 年的讲话和政策实施中进一步明确了这些功能和支柱的重要性。

“三大功能”指的是绿色金融在资源配置、风险管理和市场定价方面的作用。具体来说，资源配置功能是指绿色金融通过引导资金流向绿色产业和项目，促进经济结构的绿色转型；风险管理功能是指绿色金融通过提供风险评估和风险分散工具，帮助金融机构和投资者识别和管理环境风险；市场定价功能是指绿色金融通过市场机制反映环境成本，促进资源的合理配置。

“五大支柱”则包括绿色金融标准体系、金融机构监管和信息披露要求、激励约束机制、绿色金融产品和市场体系、绿色金融国际合作。[①]这些支柱为绿色金融业务的规范发展提供了重要保障，确保绿色金融实现商业可持续性，推动经济社会绿色发展。

明确这些内容是为了构建一个系统性的绿色金融体系，以支持国家的绿色发展和可持续发展目标。这有助于引导金融资源更加精准地投入到低碳、环保的领域，同时也为金融机构提供了明确的发展方向和操作规范，有助于提高绿色金融的透明度和效率，促进绿色金融市

① 邵鹏璐. 实现“双碳”目标　绿色金融不可或缺[N]. 中国经济导报，2022-11-22（3）.

场的健康发展。

二、绿色金融三大功能建设情况

“十三五”时期，中国绿色金融改革试点工作取得阶段性成效，有效带动了中国绿色金融市场规模不断扩大。中国人民银行数据显示，截至2022年末，中国本外币绿色贷款余额达到22.03万亿元人民币，同比增长38.50%，这一增速高于各项贷款增速28.10个百分点。在绿色债券方面，2022年末的存量规模为1.40万亿元人民币。[①]这些数据显示出中国在绿色金融领域的发展势头强劲，绿色贷款和绿色债券市场规模均居全球前列，体现了中国在推动绿色金融发展和支持低碳经济转型方面的积极努力。

虽然中国绿色金融市场已完成规模赶超，但是在绿色金融体系上还很不完善。绿色金融体系“五大支柱”将助力绿色金融的资源配置、风险管理、市场定价“三大功能”的充分发挥，推动中国绿色金融体系实现从1.0版本向2.0版本的新跨越。通过货币政策、信贷政策、监管政策、强制披露、绿色评价、行业自律、产品创新等，引导和撬动金融资源向低碳项目、绿色转型项目、碳捕集与封存等绿色创新项目倾斜。通过气候风险压力测试、环境和气候风险分析、绿色和棕色资产风险权重调整等工具，增强金融体系管理气候变化相关风险的能力。推动建设全国碳排放权交易市场，发展碳期货等衍生产品，通过交易为排碳合理定价。

（一）资源配置

近年来，中国在绿色金融领域的政策创新和实践探索取得了显著成效，逐渐完善了绿色金融政策体系。这一体系不仅包括对绿色金融产品和服务的明确定义和分类，还涵盖了从激励机制到环境信息披露

① 央行：2022年我国绿色贷款保持高速增长，（2023-02-03）[2024-01-23]. https://www.gov.cn/xinwen/2023-02/03/content_5739935.htm.

的一系列监管措施。通过这些政策的实施，中国成功地引导金融资源向低碳和绿色转型项目倾斜，特别是在支持清洁能源、节能减排、碳捕集与封存等关键领域的投资。中国绿色金融在标准制定、激励机制、环境信息披露、产品创新等领域取得了以下进展。

首先，在综合政策、法律制度和激励机制方面，中国逐步发展出一系列货币信贷、监管评价和财政激励措施。中国人民银行将绿色金融债券和贷款纳入中期借贷便利担保品范围，并将绿色信贷绩效评价纳入宏观审慎评估体系。财政部门通过贴息和奖励支持绿色产业发展，同时建立了专业化担保机制，推动绿色金融发展。此外，建立了绿色信贷和金融机构绿色金融业绩评价体系，中国人民银行印发的《银行业金融机构绿色金融评价方案》将绿色信贷和债券纳入业务评价体系，并纳入中国人民银行评级工具，为建立更全面的激励约束机制奠定基础。自2012年起，绿色信贷和绿色融资统计制度不断完善，进一步强化了政策引导作用。

其次，在标准制定方面，中国制定以下细则文件（见表1-3），标准体系的不断细化和完善，构成完善绿色金融体系的重要支柱。

表1-3　中国绿色金融细则

年份	文件
2007年	《节能减排授信工作指导意见》
2012年	《绿色信贷指引》
2015年	《能效信贷指引》
2015年	《绿色债券发行指引》
2017年	《绿色债券评估认证行为指引（暂行）》
2018年	《绿色投资指引》
2021年	《绿色债券支持项目目录》
2021年	《关于明确碳中和债相关机制的通知》

再次，中国环境信息披露制度在逐渐完善，主要针对的主体包括上市公司和金融机构。2021年5月24日，生态环境部印发了《环境

信息依法披露制度改革方案》，上市企业环境治理主体的法定义务在逐步落实，上市公司强制性环境信息披露已是大势所趋。金融机构环境信息披露主要依据为中国人民银行印发的《金融机构环境信息披露指南（试行）》和气候相关财务信息披露工作组（TCFD）出具的《气候相关财务信息披露工作组建议报告》两个文件。

最后，在产品创新方面，除绿色信贷和绿色债券以外，中国人民银行在 2021 年推出了碳中和债务融资工具与碳中和金融债，这些工具重点支持的是符合绿色债券目录标准且碳减排效果显著的绿色低碳项目。这些项目通常包括清洁能源、节能环保和碳减排技术等领域。还有证券公司等金融机构发行了碳中和主题理财产品、绿色主题基金、绿色保险以及绿色 PPP（public-prirate partnership，政府和社会资本合作）等产品。这些产品结合中国国情和行业特点，旨在为绿色产业的发展提供金融支持。例如，绿色基金通过资本投入支持节能减排事业，绿色保险则通过提供保险产品和服务帮助企业和个人管理与环境相关的风险，而绿色 PPP 模式则通过公私合作的方式推动绿色项目的实施。

（二）风险管理

2016 年，《关于构建绿色金融体系的指导意见》首次提出环境和社会风险作为信贷资产质量压力测试的重要因素，这反映了金融机构对 ESG 因素在风险管理中日益增长的关注。金融机构被鼓励定期（如每年或每季度）对环境高风险领域的贷款和资产风险敞口进行评估，使用定量分析方法来预测不同情景下可能面临的信用和市场风险。

中国工商银行在 2016 年进行了环境压力测试的尝试[①]，这是中国银行业在环境风险量化和传导机制研究领域的早期实践。中国工商银行的环境压力测试研究主要关注企业环境成本内部化对商业银行风险的影响，从环保标准提高、气候变化、银行承担污染连带责任、声誉风险等维度构建了理论框架、传导路径和测算方法。通过“自下而上”

① 陈文睿. 中国工商银行绿色金融业务发展研究[D]. 广东财经大学，2019.

的方法，中国工商银行对火电、水泥两个行业进行了压力测试，这在微观领域中开创了环境因素对银行信用风险影响的研究，并且从压力测试的独特视角解决了环境风险影响的量化问题。

更多金融机构通过建立环境风险评估模型，量化环境风险对资产的影响。例如，兴业银行深圳分行参考碳核算金融联盟（PCAF）的标准，在2021年7月发布了《2020年环境信息披露报告》，这是中国首份披露商业银行部分投融资活动碳足迹核算方法和结果的环境信息披露报告，该报告展示了兴业银行在环境信息披露方面的实践和成果。兴业银行在2021年的年报中提到其积极开展气候风险压力测试研究探索[①]，并主动披露了气候风险压力测试情况。兴业银行在火电、钢铁、水泥三个行业气候风险压力测试的基础上，将气候风险压力测试覆盖范围拓展至电力、钢铁、建材（含水泥）、有色金属冶炼、石化、化工、航空、造纸八个高碳行业，评估碳达峰碳中和目标转型对本行信贷资产质量和资本充足水平的潜在影响。

（三）市场定价

中国绿色金融在市场定价方面的作用主要体现在通过碳排放权交易市场的建立和发展，推动碳排放成本的内部化，从而促进资源配置向低碳、绿色项目倾斜。全国碳排放权交易市场的启动，标志着中国在碳定价机制方面的重大进步。这一市场不仅为碳排放提供了一个市场化的交易平台，而且通过价格信号的传递，激励企业采取减排措施，实现碳减排目标。

在地方试点的基础上，全国碳市场的启动进一步扩大了碳交易的规模和影响力，使得中国碳定价机制更加成熟和完善。不同机构负责人在多个场合强调碳期货等金融衍生品在碳市场中的重要性，监管机构正在积极推动碳期货市场的建设，通过为市场参与者提供更多的风险管理工具，以提高市场的流动性和活跃度，使得碳价格更加真实地

① 郑新月. 中国商业银行环境信息披露影响因素研究[D]. 天津财经大学，2022.

反映市场供需关系，从而降低整体的交易成本和风险，更有效地发现价格和进行风险管理。

本章小结

本章详细介绍了绿色金融的起源、发展以及其在全球范围内的实践。绿色金融的概念起源于 20 世纪 70 年代，随着工业化进程的加速和环境污染问题的日益严重，人们开始寻求通过金融手段支持环保项目，实现资源节约和环境保护。《京都议定书》和《巴黎协定》等国际协议的签署，为绿色金融提供了政策支持和市场需求，推动了其在全球范围内的发展。中国作为全球绿色金融的积极推动者，通过构建绿色金融体系，推动绿色信贷、绿色债券等金融工具的发展，以及在“十三五”期间的绿色金融改革创新试验区建设，展示了绿色金融在支持生态文明建设和实现可持续发展目标中的关键作用。绿色金融的理论研究也日益丰富，涵盖了绿色金融的内涵、评价测度、市场主体影响以及与经济可持续发展的关系等多个方面。

第二章　中国绿色金融制度实践

第一节　全国性绿色金融政策及制度安排发展实践

中国绿色金融政策及制度始于20世纪90年代，但比较偏重管理银行业绿色信贷方面，2016年《关于构建绿色金融体系的指导意见》的发布，标志着中国绿色金融政策及制度安排进入了快速发展阶段，因此本节以2016年作为分界线，分别阐述萌芽发展期和快速发展期的中国重点绿色金融政策。

一、绿色金融萌芽发展期

从20世纪90年代至2015年间，国务院、中国人民银行、原中国银行业监督管理委员会（现国家金融监督管理总局）、原国家环境保护局（现生态环境部）等部门颁布了多项绿色金融政策文件，这些文件标志着中国在绿色金融领域的初步探索，为后续绿色金融政策的发展奠定了基础，主要文件内容如表2-1所示。

表2-1　中国绿色金融萌芽期绿色金融政策文件

年份	机构	文件	主要内容
1995年	国家环境保护局	《关于运用信贷政策促进环境保护工作的通知》	要求金融部门在信贷工作中考虑自然资源和环境保护因素，将支持生态资源保护和污染防治作为贷款审批的重要考虑因素，以此推动环境保护工作的实施

续表

年份	机构	文件	主要内容
1995 年	中国人民银行	《关于贯彻信贷政策与加强环境保护工作有关问题的通知》	明确要求各级金融部门在信贷工作中，要重视自然资源和环境保护，把支持生态资源保护和污染防治作为银行贷款考虑的因素之一
2007 年	中国银行业监督管理委员会	《节能减排授信工作指导意见》	要求银行业金融机构在信贷政策中加强对节能环保领域的支持，合理控制信贷总量，优化信贷结构，同时加强对高耗能、高污染行业的信贷风险管理，以促进经济、金融的协调可持续发展
2012 年	中国银行业监督管理委员会	《绿色信贷指引》	指导银行业金融机构在信贷活动中优先支持绿色产业和项目，同时对高污染、高能耗行业实施信贷限制，以促进资源节约型和环境友好型社会建设，支持经济结构调整和可持续发展
2015 年	中共中央、国务院	《生态文明体制改革总体方案》	构建生态文明制度体系，包括建立自然资源资产产权制度、健全资源有偿使用和生态补偿机制、完善生态环境保护责任追究制度等，旨在推动形成人与自然和谐发展的现代化建设新格局

资料来源：根据公开资料整理。

不难看出，以上文件中所涉及的监管主体主要是银行业，旨在指导和规范银行业金融机构在信贷政策执行过程中如何更好地支持环保和节能减排工作，这与中国社会融资结构中间接融资占绝对权重有较为显著的关系。

二、绿色金融快速发展期

在近 20 年的实践中，中国虽然在绿色金融领域有所探索，但缺乏系统性的政策框架和明确的发展方向，因此，中国在 2016 年 8 月 31

日，由中国人民银行等七部委联合印发《关于构建绿色金融体系的指导意见》，指出了构建绿色金融体系的意义，并提出大力发展绿色信贷、推动证券市场支持绿色投资、设立绿色发展基金、发展绿色保险等举措，构建了中国绿色金融体系的顶层框架。

指导意见发布后，中国绿色金融体系的建设进入了快速发展期。政策层面，中国人民银行等七部委联合出台了一系列政策，包括推动绿色信贷、绿色债券、绿色保险等金融工具的发展，设立绿色发展基金，以及推动环境权益交易市场等。同时，也鼓励金融机构和企业开展绿色投融资，通过财政贴息、担保、再贷款等措施降低绿色项目的融资成本，提高其收益。

2020 年 9 月 22 日，习近平主席在第七十五届联合国大会一般性辩论上庄严宣布："中国将提高国家自主贡献力度，采取更加有力的政策和措施，二氧化碳排放力争于 2030 年前达到峰值，努力争取 2060 年前实现碳中和。"[①]同年 12 月，习近平主席在气候雄心峰会上进一步宣布："到 2030 年，中国单位国内生产总值二氧化碳排放将比 2005 年下降 65%以上，非化石能源占一次能源消费比重将达到 25%左右，森林蓄积量将比 2005 年增加 60 亿立方米，风电、太阳能发电总装机容量将达到 12 亿千瓦以上。"[②]2021 年 3 月，李克强总理在《政府工作报告》中提出："扎实做好碳达峰、碳中和各项工作。制定 2030 年前碳排放达峰行动方案。"《报告》强调了中国政府在应对气候变化和推动绿色低碳发展方面的承诺和行动计划。《报告》提出了一系列具体措施，包括制定碳排放达峰行动方案、优化产业结构和能源结构、发展新能源、扩大税收优惠、培育节能环保产业、建立碳交易市场以及实施金融支持政策等。在党中央、国务院决策部署下，绿色金融成为中

① 习近平在第七十五届联合国大会一般性辩论上的讲话[EB/OL]，（2020-09-22）[2024-01-23]. http://www.xinhuanet.com/politics/leaders/2020-09/22/c_1126527652.htm.

② 习近平在气候雄心峰会上的讲话[EB/OL]，（2020-12-12）[2024-02-13]. http://www.xinhuanet.com/politics/leaders/2020-12/12/c_1126853600.htm.

国人民银行“十四五”时期乃至更长时期重要的工作之一。

自2016年《关于构建绿色金融体系的指导意见》发布以来，中国在绿色金融领域持续推进政策制定和实施，发布了多项相关政策文件，以支持和促进绿色金融的发展。表2-2是部分重要的政策文件。

表2-2 中国绿色金融快速发展期绿色金融政策文件

年份	机构	文件	主要内容
2015年	中国人民银行、国家发展和改革委员会、中国证券监督管理委员会	《绿色债券发行管理暂行办法》	明确了绿色债券的定义、发行条件、审核流程和信息披露要求，为绿色债券市场的发展提供了制度保障
2017年	中国人民银行等七部委	《江西省赣江新区建设绿色金融改革创新试验区总体方案》	指导和推动在特定区域建立绿色金融改革创新试验区，通过试点探索绿色金融产品和服务创新，优化绿色金融政策体系，促进绿色产业发展，以及加强环境风险管理，以实现经济与环境的协调发展
2019年	国家发展和改革委员会、工业和信息化部、自然资源部、生态环境部、住房和城乡建设部、中国人民银行、国家能源局联合印发	《绿色产业指导目录》	明确了绿色产业的范围和分类，为绿色金融政策的支持提供了依据
2020年	国务院	《关于进一步提高上市公司质量的意见》	提出了提升信息披露质量的目标，即以提升透明度为目标，优化规则体系，督促上市公司、股东及相关信息披露义务人真实、准确、完整、及时、公平披露信息
2021年	中国人民银行	《银行业金融机构绿色金融评价方案》	建立评价体系用以衡量和激励银行业金融机构在绿色信贷、绿色债券、绿色基金等绿色金融领域的业务表现，以促进金融机构更好地支持绿色产业和可持续发展项目
2022年	中国银保险监督管理委员会	《银行业保险业绿色金融指引》	指导银行业和保险业机构在信贷、投资、保险等业务中优先支持绿色产业和项目，同时加强环境风险管理，以促进绿色金融发展，支持生态文明建设和可持续发展

资料来源：根据公开资料整理。

这些政策文件的出台，不仅为绿色金融改革创新提供了政策引导和制度保障，也为绿色金融产品和服务的创新、绿色金融市场的发展以及企业信息披露质量的提升提供了支持。通过这些政策的实施，中国在推动绿色金融发展，促进经济结构调整和资源节约，降低环境风险和社会成本方面取得了显著成效。

三、中国引导绿色金融国际合作实践

在引导全球绿色金融合作方面，中国起到了积极和关键的作用，中国不仅组织领导成立多个合作研究平台，且主导出台了系列政策文件，主要内容如表 2-3 所示。

表 2-3　中国引导绿色金融国际合作实践

年份	机构	事项
2016 年	G20	中国作为 G20 主席国，首次将绿色发展理念融入 G20 议题
2017 年	G20 绿色金融研究小组	中国人民银行与英格兰银行发起成立 G20 绿色金融研究小组，共同担任小组主席，并于 2017 年 7 月发布《G20 绿色金融综合报告》
2017 年	中国人民银行与监管机构绿色金融网络（NGFS）	为推动中国人民银行和监管机构间绿色金融合作，中国人民银行与英格兰银行等 8 家银行和监管机构共同发起该网络，重点关注气候变化对宏观金融稳定、微观审慎监管的影响，旨在强化金融体系风险管理，动员资本进行绿色低碳投资
2018 年	中国人民银行	中国人民银行指导中国金融学会绿色金融专业委员会与伦敦金融城共同推出《“一带一路”绿色投资原则》（GIP）
2018 年	可持续金融国际平台（IPSF）	欧盟与包括中国在内的其他七国共同发起该平台，宗旨在于深化国际合作，推动绿色金融标准国际趋同，动员私人部门参与环境可持续投资
2021 年	G20 可持续金融工作组	发布 G20 首个关于可持续金融的框架性文件《可持续金融路线图》，为引导国际市场资金支持应对气候变化提供重要指引
2021 年	中国人民银行与欧盟委员会相关部门共同牵头	完成《可持续金融共同分类目录》

资料来源：中央财经大学绿色金融国际研究院《IIGF 观点 ｜ 中国绿色金融国际合作进展与展望》：https://iigf.cufe.edu.cn/info/1012/6368.htm.

第二节　中国绿色金融改革创新试验区建设情况

为了在中国特定区域内先行先试，探索绿色金融的有效路径，为全国乃至全球的绿色金融发展提供可复制、可推广的经验，中国自2017年开始共分批设置了10个绿色金融改革创新试验区。2017年6月，国务院审定首批五省八地绿色金融改革创新试验区，分别为浙江衢州市、浙江湖州市、广州花都区、贵州贵安新区、江西赣江新区、新疆哈密市、新疆昌吉回族自治州、新疆克拉玛依市；2019年12月，绿色金融改革创新试验区首次扩容，甘肃兰州新区获批建设绿色金融改革创新试验区。2022年8月《重庆市建设绿色金融改革创新试验区总体方案》的发布，标志着重庆成为中国第十个绿色金融改革创新试验区。

2021年2月，中国人民银行研究局局长王信在国务院新闻办公室举行的绿色金融有关情况吹风会上提到，截至2020年末，六省区九地绿色金融改革创新试验区绿色贷款余额达到了2,368.30亿元，这些试验区的绿色贷款余额占全部贷款余额的15.10%，绿色债券余额为1,350.50亿元。①这些试验区的设立和绿色贷款的增长，体现了中国在推动绿色金融发展方面的积极努力，特别是在通过绿色贷款支持环保项目来支持环境改善，通过支持清洁能源等项目来应对气候变化和资源节约高效利用等领域提供资金支持、降低融资成本，通过绿色信贷等多种金融工具确保项目顺利实施和运营等方面提供了金融服务。

本节对中国绿色金融改革创新试验区的七省区十地绿色金融实

① 国新办绿色金融有关情况吹风会文字实录[EB/OL],（2021-02-09)[2024-02-13]. https://mp.weixin.qq.com/s?__biz=Mzk0NDAwMDExMA==&mid=2247499695&idx=1&sn=484ddbe12a66cd6d26285dcdf2ead70b&chksm=c329e2aef45e6bb8b319cf4c146d7f0198e634ef297e29148963220384db88bec35646b001e1&scene=27.

践进行详细分析和比较。

一、浙江省绿色金融实践

（一）浙江省绿色金融政策纲领

在国家提出“双碳”目标的背景下，2020年5月，浙江湖州发布全国首个《区域性“碳中和”银行建设指南》与《银行业“28·58”碳达峰与碳中和远景规划》，旨在推动湖州市成为全国首个区域性银行业碳达峰碳中和的地区。《区域性“碳中和”银行建设指南》主要内容包括银行在实现碳中和目标方面的具体行动路径、评估方法、管理流程和实施机制等，其意义在于为银行业提供一套可操作的框架，指导银行如何通过内部管理和外部投资活动减少碳足迹，最终达到碳中和状态。《银行业“28·58”碳达峰与碳中和远景规划》明确了银行业在2028年实现碳达峰和在2058年实现碳中和的具体目标、时间表和路线图。这一规划的意义在于为银行业的碳减排行动提供长期的战略指导，确保银行业在国家碳中和目标实现过程中发挥积极作用。

（二）浙江省湖州市绿色金融实践

湖州创新建立了绿色金融综合服务平台，该平台通过“绿贷通”“绿信通”“绿融通”三大服务平台，为小微企业提供银企对接、绿色评价等金融服务，畅通绿色投融资渠道。

“绿贷通”是一个依托大数据、云服务等技术建立的线上“一站式”融资服务平台，通过打造网上“信贷超市”和“担保集市”，创新企业与银行、担保机构的对接模式，提升融资效率。“绿信通”则依托本地一体化智能化公共数据平台，实现百分百线上取数和百分百自动化计算，为每笔业务提供全量化评价，评价结果与绿色贷款贴息、绿色担保补助等政策挂钩。“绿融通”则是运用移动互联、云计算、大数据打造的一站式股权融资对接平台，通过建立准入机制和工作模式，拓展企业融资渠道，优化融资结构，提高融资质量。

这些平台的建立和运营，不仅提高了绿色金融的效率和透明度，也为金融机构提供了有效的工具和数据支持，促进了绿色金融产品和服务的创新。

截至 2022 年底，湖州的“绿贷通”平台累计注册企业 5.6 万家，已帮助 4.2 万家企业获得银行授信，帮助中小微企业完成融资金融超过 5,073 亿元。平台还新增信用担保和司法保障功能，对企业 ESG 评级进行功能升级，并在国内其他地区成功复制推广。

（三）浙江省衢州市绿色金融实践

衢州牢固树立新发展理念，以数字化引领现代化，不断夯实绿色金融标准、政策、产品体系、基础设施等基石，凝聚政策合力，增强产品创新动力，利用科技赋，多措并举推动绿色金融先行先试，争创全国示范。

在构建绿色金融规则指引体系方面，衢州以《绿色金融术语》《绿色贷款专项统计制度》《绿色债券信用评级规范》等绿色金融国家标准和行业规范为依托，立足实际、先行先试，突出气候、环境和资源三大传统产业绿色转型目标，不断丰富完善绿色金融内涵，建立起包括绿色金融主体、行为、产品、评价等较为完善的绿色标准体系。

衢州在绿色金融改革实践中，通过建立一系列创新机制和标准，推动了绿色金融服务的专业性和普惠性。首先，衢州制定了《衢州银行业绿色金融试点行、示范行培育办法（试行）》等政策，确立了绿色专营机构的“五量”评价标准，即信贷体量、机构增量、产品数量、控质量、创新能量，以此培育和评价绿色金融机构，确保服务的专业性。其次，衢州将绿色信贷监测制度与普惠金融相结合，拓展了绿色金融的服务范围，从绿色生产到绿色贸易和消费，覆盖了小微企业和农业经营主体，提升了绿色信贷的科学性和完整性。此外，衢州引入 ESG 评估体系，简化了绿色企业和项目的识别流程，强调了产业转型和环境保护的重要性。在创新产品方面，衢州推出了一系列绿色金融创新产品标准，如碳账户金融，这些标准易于复制和推广，增强了绿色金融的长效性。最后，衢州建立了碳账户核算与评价标准体系，覆盖六大领域，推出了企业和个人碳征信报告，帮助金融机构精准投资低碳资产，支持地方政府和企业有效减碳。这些措施共同构建了一个全面、高效的绿色金融服务体系，为衢州乃至更广泛地区的绿色发展提供了有力支撑。

衢州通过构建“1+N”绿色金融政策体系，强化政策引领，为绿色金融改革创新试验区建设提供全面支持。财政政策通过设立专项资金池，激励绿色金融发展，如 2022 年安排 6.80 亿元支持绿色项目贴息等。信贷政策通过差异化引导，推动产业绿色转型，构建绿色金融评价指标体系。监管政策通过考评方案和风险防控体系，促进金融机构绿色业务拓展和环境风险管理。担保政策通过风险补偿机制，降低绿色贷款风险，支持担保行业健康发展。这些政策措施共同促进了绿色金融的激励约束机制，推动了绿色信贷和绿色项目的实施，为衢州的绿色经济发展提供了坚实的政策基础。

衢州在绿色金融产品服务体系创新方面采取多管齐下的策略，以农业和工业绿色转型为核心，推动绿色信贷、保险、债券和基金等金融产品的多元化发展。通过“绿色金融十佳产品”评选和劳动竞赛，激发金融机构创新活力，推出了百余个绿色金融产品和 102 个典型案例。绿色信贷方面，衢州创新了碳账户金融产品，支持低碳转型，同时推出了活体抵押贷款等创新产品，解决了传统行业的融资难题。绿色保险领域，衢州成立了全国首个绿色保险产品创新实验室，推出了多项创新保险产品，显著降低了企业事故率，提高了资金流动性。在直接融资方面，衢州推动了绿色企业上市和债券发行，拓宽了企业的融资渠道。绿色基金方面，通过母子基金架构，引导社会资本投资绿色产业，促进了产业升级。这些措施共同推动了衢州绿色金融体系的深化发展，为实现绿色经济转型提供了有力支撑。

衢州通过科技赋能，构建了绿色金融的设施支撑体系，利用大数据、云计算、人工智能等技术手段，推动金融服务的数字化转型。衢州打造了绿色金融服务信用信息平台“衢融通”，实现了绿色信用信息的共享和银企对接，提高了金融服务效率。同时，衢州率先构建了碳账户平台，覆盖六大领域，整合了大量数据，支持碳达峰监测和碳账户金融，促进了碳足迹核算和碳科技应用。此外，衢州还建立了绿色贷款专项统计信息管理系统，统一了数据接入和统计口径，解决了绿色信贷统计的难题，突出了对传统产业绿色转型的支持。这些科技的应用不仅提升了绿色金融的风险管理能力，也为衢州的绿色经济发展提供了坚实的数据和技术支持。

浙江衢州绿色金融信用信息共享平台“衢融通”是一个综合性金融服务平台[①]，它通过整合和利用大数据技术，为政府、金融机构和企业提供一系列金融服务和信用管理工具。这个平台的主要特点和功能包括数据归集、信息交互、信用风险评价模型、融资对接、绿色评价、信用监测预警等。该平台通过收集企业综合信用数据、生产经营数据、电子证照数据以及绿色金融专题数据，涵盖了35个政府部门的数据，覆盖全市企业和个人的信息。该平台实现了与浙江省公共信用信息评价平台、衢州公共信用信息共享平台等多个平台的数据和功能对接，支持移动互联网端、微信公众号、“浙里办”手机软件等多种接入方式，方便企业使用。该平台提供了银企线上融资对接服务，帮助企业查看在衢所有银行业金融机构的信贷产品、担保产品和政府部门发布的金融扶持政策，享受政企银担金融服务闭环。该平台通过网格化数据分析系统，提供信用监测预警服务，帮助金融机构和企业及时发现和应对潜在风险。

衢州创建了个人碳账户平台，参照北京环交所碳排放的标准，从纸张、用电、用水、交通、碳排放等维度折算个人绿色行为节省的碳排放量，确定个人碳账户的积分，用户可以捐赠碳账户的积分，构建“绿梦森林”公益林，还可以将碳账户积分应用到信用评级中，提升个人信用额度。

① 全力推进数字化平台建设 擦亮“信用衢州”金名片[J]. 中国信用，2021（01）：129.

截至 2022 年底，衢州的绿色金融信用平台“衢融通”汇总企业 9.10 万家，进驻金融机构 340 家，提供金融产品 527 个，累计贷款额达 2,735 亿元，贷款次数超过 5 万次。

生态环境部发布《中国应对气候变化的政策与行动 2022 年度报告》指出：“浙江省衢州市率先探索数字控碳，已为 234.2 万个企业和个人建立碳账户，创新开发碳账户金融产品。截止 2022 年 6 月，该市 27 家金融机构先后开展碳账户金融应用场景试点，累计发放碳账户贷款 195 亿元。”[①]

二、广东省绿色金融实践

在绿色金融改革创新试验区建设方面，广州作为全国首批绿色金融改革创新试验区之一，通过政策支持、机制建设、平台搭建和创新实践，推动绿色金融产品和服务的丰富，拓宽绿色融资渠道。

在《粤港澳大湾区发展规划纲要》的基础上，广州市发展和改革委员会在 2021 年发布了《广州市关于推进共建粤港澳大湾区国际金融枢纽实施意见》和《广州市关于推进共建粤港澳大湾区国际金融枢纽三年行动计划（2021—2023 年）》。这两份文件是广州市为实现粤港澳大湾区国际金融枢纽建设目标而制定的重要政策文件，其核心目标是将广州打造成为粤港澳大湾区国际金融枢纽的核心引擎，推动粤港澳大湾区在国际金融市场中发挥更加重要的作用。

《广州市关于推进共建粤港澳大湾区国际金融枢纽实施意见》[②]提出了 25 项实施意见，明确了发展目标，强调发挥广州在粤港澳大湾区的核心引擎作用，与港澳共建国际金融枢纽，共同打造金融业高质量

---

① 中国应对气候变化的政策与行动 2022 年度报告[EB/OL]，（2022-10-27）[2024-02-13]. https://www.mee.gov.cn/ywgz/ydqhbh/syqhbh/202210/t20221027_998100.shtml.

② 广州市推进粤港澳大湾区建设领导小组关于印发《广州市关于推进共建粤港澳大湾区国际金融枢纽实施意见》和《广州市关于推进共建粤港澳大湾区国际金融枢纽三年行动计划（2021-2023 年）》的通知[EB/OL]，（2021-03-26）[2024-02-13]. http://jrjgj.gz.gov.cn/zcgh/content/post_7201438.html.

发展典范。文件提出了建设 5 个“金融中心”的战略目标，包括粤港澳大湾区资产管理中心、绿色金融创新中心、科技金融创新中心、跨境投融资服务中心和金融要素区域交易中心。

《广州市关于推进共建粤港澳大湾区国际金融枢纽三年行动计划（2021—2023 年）》则提出了 48 项重点任务，明确了未来三年推进共建粤港澳大湾区国际金融枢纽的具体行动计划。该计划从加强粤港澳大湾区金融发展方面进行研究，确保金融创新与粤港澳大湾区的整体发展战略相协调，优化金融机构布局，提升金融服务效率来完善现代金融服务体系，有序推进金融市场中资本、信息、人才等要素互联互通，建立健全风险监测和预警机制，加强金融风险防控协调与监管以及保障措施五个方面，细化了实施路径和责任分工。其中特别提到的广州期货交易所建设和跨境贷款支持，是该计划的重要内容。广州期货交易所的建设和发展将有助于丰富粤港澳大湾区的金融产品体系，提升期货市场服务实体经济的能力。同时，支持在穗银行向港澳机构或项目发放跨境贷款，这将有助于促进跨境资本流动，支持粤港澳大湾区内的企业拓展国际市场。

这两份文件的发布，为广州在粤港澳大湾区建设中发挥金融枢纽作用提供了明确的政策指导和行动框架，旨在通过金融创新和开放，促进粤港澳大湾区经济的高质量发展。

广东省在推动碳排放权交易和建设碳交易市场方面采取了一系列措施。广东省依托广州和深圳两大碳交易市场，不断推动完善试点地区碳市场机制，同时开展碳金融产品创新，成功落地了碳排放权抵押融资、法人碳交易账户透支、碳排放权配额回购、碳排放权配额由碳资产管理公司托管等创新型碳金融业务。广东省在碳金融领域的这些创新实践，不仅为企业提供了多样化的融资渠道，也推动了碳市场的活跃度和碳定价机制的完善。广东省还积极利用粤港澳大湾区的区位优势参，与港澳地区协同合作，推动碳普惠机制的联动，制定碳金融产品等重要行业标准，积极协同港澳推动碳普惠机制联动及与国际接轨，提升广东乃至整个粤港澳大湾区在国际碳市场中的影响力和竞争力。[①]广州碳排放权交易中心确实是粤港澳大湾区内唯一同时具备国家碳交易试点和绿色金融改革创新试验区试点的机构。它在环境权益交易业务、绿色金融业务以及碳中和业务领域发挥着重要作用，通过市场化机制促进绿色产业的发展和转型。

此外，广东省在《广东省碳达峰实施方案》中提出了深化广东碳排放权交易试点，逐步探索将陶瓷、纺织、数据中心、公共建筑、交通运输等行业领域重点企业纳入广东碳市场覆盖范围，继续为全国发挥先行先试作用。同时，广东省还在广州期货交易所探索开发碳排放权等绿色低碳期货交易品种，以进一步丰富碳金融产品体系。广东推动碳排放权交易，促成港澳投资者参与广东碳排放权交易，实现碳排放权跨境人民币结算。

此外，广东省还在绿色信贷、绿色债券、绿色金融标准体系建设、绿色金融人才培养、绿色金融与区域协调发展、绿色金融支持绿色交通体系建设、绿色金融支持清洁能源高效利用与绿色金融支持环境综合治理等方面都有所行动，这些实践体现了广东省在推动绿色金融发展方面的积极探索和创新，旨在支持全省经济绿色低碳、高质量发展。

三、江西省绿色金融实践

在江西省委、省政府的坚强领导下，赣江新区以绿色金融为核心，创新发展为引领，积极探索金融服务“双碳”目标的有效路径，推动绿色金融改革创新试验区建设取得显著成效。截至 2022 年 6 月末，赣江新区金融业态规模不断扩大，各项贷款余额达到 1,151 亿元，绿色信贷余额 140.93 亿元，同比增长 20.79%。赣江新区成功举办了绿色金融试验区全国第四次联席会议，绿色金融改革成效得到中国人民银

---

① 郭晓洁，严碧璐. 广东碳金融创新之路：以服务实体为本 推动碳期货试点[N]. 21 世纪经济报道，2023-06-05（11）.

行的认可，时任省委书记易炼红予以批示肯定。赣江新区绿色金融发展指数连续多年与广东、浙江、北京等省市一同跻身全国“第一梯队”，并被列入国务院第八次大督查典型经验做法清单。

金融业态方面，赣江新区吸引了包括江西国控、江西金控等省内外大型企业布局金融板块业务，形成了以传统金融机构为主体，新型金融业态为补充的地方金融体系。服务实体经济方面，赣江新区修定并出台新的金融支持政策，通过政策性贷款、产业基金、政银企合作等方式，增强服务实体经济效能。绿色金融改革方面，赣江新区完善了工作机制，打造了具有地方特色的绿色金融标准体系，出台了相关政策支持绿色金融发展。

普惠金融发展方面，赣江新区获批为中央普惠金融发展示范区，获得财政部 5,000 万元专项资金支持，推动普惠型小微企业贷款和农户生产经营性贷款快速增长。金融产品创新方面，赣江新区围绕“碳达峰碳中和 30・60”目标，推出了“绿色产业数字保”保险产品、中医药研发费用损失保险等创新金融产品，以及碳中和基金等低碳资产投资模式。

江西省在绿色金融改革创新试验区建设方面具有独特的地位和优势，江西省赣江新区作为国家级绿色金融改革创新试验区，同时江西省是全国国家生态文明试验区、国家生态产品价值实现机制试点，因此江西省是唯一兼具国家级生态试验区和绿色金融改革创新试验区的省份。赣江新区绿色金融改革创新试验区的建设，推动了绿色金融产品和服务的创新。

绿色金融产品创新方面，江西省推出了多项绿色金融产品，如国内首个以畜禽养殖经营权为核心抵押物的专属信贷产品“畜禽智能洁养贷”，专为林业和农业领域设计的“林农快贷”等，以及国内首个碳中和信托产品和首批中长期碳中和资产支持票据。此外，2021 年制定了全国首个绿色票据标准和认证规范，同年发布了全国首个绿色市政债标准研究成果。①

在生态产品价值实现方面，江西省人民政府在《关于建立健全生态产品价值实现机制的意见》的基础上，根据本地区实际情况发布《关于建立健全生态产品价值实现机制的实施方案》，旨在推动生态产品价值实现机制的建立和完善，促进生态保护与经济发展的有机统一。该方案鼓励金融机构创新特色生态信贷产品，如绿宝碳币、广昌河道采砂权质押贷款、金溪古村落金融贷等。该方案推进碳排放权和碳汇交易，研究制定江西省“碳达峰、碳中和”政策措施，开展碳排放配额管理，支持省公共资源交易集团积极参与全国碳排放权交易市场建设，这有助于形成碳市场，促进碳减排。在生态产品价值实现激励约束方面，方案提出制定环保信用评价管理办法，依据评价结果和积分情况提供金融服务，这有助于建立一个激励机制，鼓励企业和个人采取环保行为。同时，推动生态产品价值评估结果的应用，将其作为投融资的重要参考，这有助于确保投资决策更加符合生态保护和可持续发展的要求。将金融支持生态产品价值实现情况纳入绿色信贷考核评价体系，约束金融机构，确保其在贷款和投资决策中充分考虑生态保护和可持续发展因素，从而推动整个金融体系向绿色转型。这些措施共同构成了一个多层次、多角度的生态产品价值实现机制，旨在通过政策引导和市场激励，实现生态环境的长期保护和经济的绿色增长。

四、新疆维吾尔自治区绿色金融实践

新疆作为国家重要的能源通道和储备基地，其产业结构与资源禀赋紧密相关。在这一背景下，发展绿色经济，特别是资源节约、环境友好和低碳循环的经济模式，对于新疆的可持续发展和丝绸之路经济带核心区的建设具有重要意义。自 2017 年 6 月国务院批复哈密市、昌吉州、克拉玛依市为绿色金融改革创新试验区以来，新疆维吾尔自治

① 关于建立健全生态产品价值实现机制的实施方案[N]. 江西日报，2021-07-07（6）.

区和试验区积极推动绿色金融发展，通过建立绿色金融框架，引导金融机构参与、制定绿色金融标准等措施，有效扩大了绿色金融的规模，并在金融产品和服务上进行了创新。这些努力不仅支持了新疆经济的绿色转型，也为实现全国的碳达峰和碳中和目标提供了实践经验和探索路径。

新疆在绿色金融领域的推进工作呈现出明确的方向和积极的成效。自治区和三地试验区（哈密市、昌吉州、克拉玛依市）建立了绿色金融工作专班机制，由中国人民银行乌鲁木齐中心支行领导，统筹协调绿色金融发展，同时在非试验区也成立了相应的工作专班。通过制作绿色金融发展故事案例集并积极宣传，新疆展示了绿色金融的成效和案例，为资源富集地区实现“双碳”目标提供了实践路径。在货币政策工具创新方面，新疆精准实施碳减排支持工具和煤炭清洁高效利用专项再贷款，推动了绿色信贷投放，同时创新了绿色票据再贴现业务，支持绿色中小微企业。三地试验区还初步建成了具有特色的“碳账户”，为实现“双碳”目标提供了数据支持。财政补贴政策的落实，如昌吉州的绿色金融发展专项资金，有效降低了企业绿色项目融资成本，激发了金融机构的参与热情。新疆的绿色金融工作不仅在试验区取得进展，还向全疆拓展，如伊犁、吐鲁番、巴音郭楞等地也积极推进绿色金融发展，形成了全疆范围内的绿色金融发展格局。这些措施共同推动了新疆绿色金融体系的建设和经济的绿色转型。

新疆在绿色金融产品和服务创新方面取得了显著进展。截至2021年末，三地试验区实现了绿色专营机构全覆盖，推动了绿色信贷的快速增长，绿色贷款余额达到2,899.30亿元，同比增长30.80%，其中清洁能源产业贷款占比超过一半。金融机构通过优化信贷结构，创新绿色金融产品，如光伏贷、环保贷等，有效支持了绿色低碳领域的融资需求。同时，新疆还探索新的融资模式，如克拉玛依的“债贷组合”模式，解决了绿色新基建项目的长周期、低成本融资问题。此外，金融机构还通过组合金融服务模式，如“基本建设贷款+银行承兑汇票”，支持工业园区的碳减排项目，以及通过“产学研”工作机制，推动碳捕集、利用与封存（CCUS）项目建设，促进化石能源企业的低碳转型。这些创新举措不仅提升了金融服务的效率，也为新疆经济的绿色转型提供了强有力的金融支持。

新疆在绿色金融基础设施和能力建设方面取得了显著成就。首先，环境信息披露工作实现了三地试验区法人银行机构全覆盖，推动金融机构自愿开展环境信息披露，提升了透明度。其次，金融机构碳核算工作有序推进，通过专项培训和预填报，37 家金融机构顺利完成了碳核算，为环境风险管理提供了数据支持。此外，新疆还顺利开展了法人机构绿色金融评价工作，制定了评价细则，并将评价结果纳入金融机构评级体系。哈密市商业银行完成了新疆首家银行的环境风险压力测试，为预警环境风险提供了新思路。绿色项目库不断升级扩容，增强了信息搜索功能，覆盖范围扩展至全疆，为绿色项目提供了融资支持。同时，新疆积极开展前瞻性、政策性专题研究，与国际机构合作，深入分析能源转型等热点问题，为绿色金融发展提供了理论支持和实践指导。这些措施共同推动了新疆绿色金融体系的完善，为实现绿色低碳发展目标奠定了坚实基础。

五、贵州省绿色金融实践

贵州省建立了多层次的金融机构绿色金融组织机构体系、多元化的绿色金融产品和质押担保创新的服务体系、多层级的绿色金融服务平台和项目库支撑服务体系，以及大数据支撑数据共享的高效灵活的市场运作机制。这些体系的建立为贵州省的生态保护与绿色经济发展提供了坚实的金融支持。

贵安新区作为贵州省的绿色金融改革创新试验区，通过绿色金融支持纯公益性生态环保项目、绿色建筑项目等，推动了绿色金融项目标准和认证体系的建立。贵州省金融机构推出了一系列绿色金融产品，如“绿水青山贷”“黔茶贷”等，这些产品旨在支持绿色产业和生态保护项目，促进绿色经济的发展。贵州省金融机构支持了多个绿色项目，如贵安新区海绵城市试点项目、德江至习水高速公路（正安至习水段）工程 PPP 项目等，这些项目在推动绿色发展的同时，也获得了国际认可。

贵安新区“两湖一河”海绵城市试点项目是贵州省绿色金融实践的一个典范，该项目旨在通过海绵城市建设，提高城市的防洪能力和生态韧性，同时改善城市生态环境。项目初期，由于其全公益性特性，主要依赖于政府财政资金，而传统的融资渠道对于此类项目的支持有限，导致项目资金筹集面临挑战。为了解决这一问题，贵安新区充分利用绿色金融试点政策的优势，创新性地将项目设计为一个标准的 PPP 模式。在这个模式下，政府财政通过租赁方式逐年支付工程建设和运营的费用，这不仅减轻了项目初期的资金压力，而且确保了项目能够按照绿色和环保的标准进行设计和实施。

此外，贵安新区作为全国首批绿色金融改革创新试验区之一，积极推动绿色金融产品和服务的创新，通过设计绿色信贷产品，结合国家层面的绿色财政支持政策，有效地吸引了金融机构的资金支持，为绿色项目提供了必要的融资。例如，贵安新区的月亮湖公园作为海绵城市建设示范项目，得益于绿色信贷的支持得以加快推进。在这个项目中，中国建设银行贵安新区绿色金融改革创新试验区支行创新推出了“海绵城市建设贷款”产品，解决了项目审批难题，并在项目建设的关键时点实现了绿色贷款的审批投放。根据贵州省绿色金融标准，该项目获得了 13 亿元的绿色低息贷款。这种融资方式不仅为项目提供了稳定的资金来源，而且也体现了绿色金融在支持绿色发展项目中的重要作用。

贵安新区通过绿色金融与多级绿色财政的联动设计，成功推动了“两湖一河”海绵城市试点项目，这种模式的成功实施，为其他地区提供了一个可行的绿色金融实践路径，即通过政策引导和市场机制相结合，推动金融机构参与绿色项目投资，实现经济发展与环境保护的双赢。这不仅有助于推动地方经济的绿色转型，也为全球应对气候变化和实现可持续发展目标提供了中国方案。

六、甘肃省绿色金融实践

2018 年，甘肃省人民政府办公厅出台了《关于构建绿色金融体系的意见》（甘政办发〔2018〕1 号），提出通过金融、财政、环保等政策和相关规章制度的配套支持，用 5 年左右的时间，逐步形成多层次绿色金融组织体系、多元化绿色金融产品服务体系和多层级政策支持服务体系。随后，甘肃省金融机构推出了一系列绿色金融产品，如绿色信贷、绿色债券等，支持清洁能源、节能环保、碳减排技术等绿色低碳项目。

甘肃省金融机构加大了对清洁能源、节能环保、碳减排技术等绿色低碳项目的信贷支持力度。例如，中国农业发展银行甘肃省分行累计投放清洁能源产业贷款 79.82 亿元，支持多个风电、光伏等新能源项目。甘肃省金融机构支持国家储备林建设、荒漠化治理等生态保护和修复项目，如中国农业发展银行甘肃省分行支持的平川生态林项目建设，以及张掖市甘州区国家储备林建设项目。

甘肃省金融机构推动绿色金融与普惠金融融合发展，支持乡村振兴和农业绿色发展，如中国农业发展银行甘肃省分行支持的“牧光互补”发电项目，既提供绿色能源，又带动农民增收。

甘肃省金融学会通过绿色金融专业委员会、研究中心等平台，加强绿色金融专业人才的培养和交流。

兰州新区的“绿金通”平台[①]是甘肃省在绿色金融领域的一项重要创新实践。该平台由兰州新区财政局（国资局）牵头搭建，旨在推进绿色金融改革创新，提升银企融资对接效率，优化营商环境。平台利用大数据技术整合了工商、税务、司法、环保等多维度涉企数据，为

① 张红，徐梅. 绿色金融服务综合平台建设调查[J]. 青海金融，2021（10）：40-44.

金融机构提供高数据价值的“企业信用报告”，并借助人工智能实现绿色贷款在线智能识别，辅助金融机构开展绿色信贷业务。

对于融资企业来说，“绿金通”提供的“一站式”服务极大地简化了融资流程。企业可以通过平台进行注册认证，发布融资需求，并选择指定或抢单模式来吸引金融机构的关注。平台还提供融资进度跟踪服务，帮助企业实时了解融资状态，确保融资过程的顺利进行。对于金融机构而言，“绿金通”利用大数据技术分析企业的生产经营状况，提供企业的社会信用报告，这有助于金融机构更准确地评估企业的信用风险，从而提高融资对接的效率和成功率。金融机构可以更快速地找到符合绿色金融标准的项目，实现资金的有效配置。对于运营机构，如政府相关部门或绿色金融服务中心，“绿金通”提供了一个全面了解企业融资需求和金融机构资金供给的平台，这有助于政府和运营机构更好地宣导金融支持政策，确保政策的有效实施，并跟踪绿色金融业务的推进情况，如绿色信贷和绿色保险的发放情况，从而推动绿色金融政策的落地和实施。总的来说，“绿金通”通过整合多方资源，促进了绿色金融的健康发展，为实现经济绿色转型和可持续发展提供了有力支持。

截至 2022 年底，该平台注册企业达 3,825 家，入驻金融机构 32 家，上架金融产品 115 款，平台融资总额达 287.28 亿元，其中绿色贷款总额 83.54 亿元。

七、重庆市绿色金融实践

重庆市绿色金融改革创新试验区的建设取得了显著成绩。截至 2023 年 3 月末，重庆市绿色贷款余额超过 5,900 亿元，同比增长约 34.00%，这一增速较全市各项贷款增速高出约 26 个百分点，绿色贷款余额是 2019 年初的 3.3 倍。这一增长得益于重庆市在绿色金融领域的一系列积极措施。

重庆市在绿色金融改革创新试验区建设方面采取了以下措施。

在组织架构建设方面，重庆成立了市建设绿色金融改革创新试验区工作领导小组，出台了《重庆市建设绿色金融改革创新试验区实施细则》，完善了重庆市金融学会绿色金融专业委员会工作机制，并推动11家银行与市政府签署战略合作协议。

在绿色金融产品创新方面，金融机构推出了一批绿色信贷产品，如“碳排放权收益理财”等270余款绿色信贷产品，以及新能源汽车保险、蔬菜种植保险、气象指数保险、柑橘种植保险等特色绿色保险产品。

在数字化建设方面，重庆自主开发并持续迭代“长江绿融通”绿色金融大数据综合服务系统，该系统已覆盖辖区90余家金融机构，累计采集上线1,600余个绿色项目信息，金融支持超1,200亿元。

在政策环境营造方面，对金融机构进行绿色金融评价，并将评价结果纳入中国人民银行金融机构评级。同时，强化财政配套政策，如市级财政对碳减排贷款给予2.00‰财政补贴，推动部分区县出台绿色贷款贴息、风险补偿等政策。

在市场体系完善方面，重庆推动金融机构组建绿色专营机构，如绿色金融事业部、绿色分行、绿色支行和绿色保险支公司。绿色贷款余额占各项贷款余额的比例超过11.00%，绿色债券余额超过420亿元，同比增长近39.00%。

在风险管理与激励机制方面，重庆引导金融机构建立激励约束机制，将环境信用评价结果、环境风险等级等指标纳入信贷发放审核流程，推动环境效益外部性内部化。

在碳市场发展方面，通过培育优化碳交易市场，推动碳金融市场交易活跃度，建立健全碳金融体系，探索碳资产质押、配额回购等业务。

在绿色金融与产业融合方面，通过建立金融支持绿色发展示范体系，推动绿色低碳示范园区和绿色工厂建设，以及相关企业的生产经营活动。

这些措施共同推动了重庆市绿色金融体系的建立和发展，为实现碳达峰、碳中和目标提供了有力支持，同时也为全国绿色金融体系的构建积累了宝贵的“重庆经验”。

本章小结

本章聚焦中国绿色金融制度的实践，特别是全国性绿色金融政策及制度安排的发展。自 20 世纪 90 年代以来，中国在绿色金融领域逐步探索，出台了一系列政策文件，引导银行业金融机构支持环保和节能减排工作。2016 年《关于构建绿色金融体系的指导意见》的发布，标志着中国绿色金融政策进入快速发展期，政策层面推动了绿色信贷、绿色债券、绿色保险等金融工具的发展，同时鼓励金融机构和企业开展绿色投融资。中国在引导绿色金融国际合作方面也发挥了重要作用，通过 G20 绿色金融研究小组、中国人民银行与监管机构绿色金融网络等平台，推动国际绿色金融标准的制定和实践。此外，中国在绿色金融改革创新试验区的建设上取得了显著成效，通过政策创新和实践探索，为全国乃至全球的绿色金融发展提供了可复制、可推广的经验。

第三章　绿色金融产品

自党的十八大以来，中国在绿色金融体系建设方面取得了显著成效。绿色金融作为推动经济绿色转型和可持续发展的重要工具，已经成为中国金融体系的重要组成部分。中国绿色金融市场以绿色信贷为主，绿色债券等其他多种产品品种不断创新和发展，为服务实体经济绿色低碳发展提供了强大动力。截至 2023 年三季度末，中国绿色贷款余额为 28.58 万亿元，同比增长 36.80%，居全球首位；境内绿色债券市场余额 1.98 万亿元，居全球第二。[①]因此本章以绿色信贷和绿色债券为主进行详细分析，并简要介绍绿色保险、绿色基金和碳金融等相关绿色金融产品。

中国绿色金融领域的产品和服务的多样化发展可以从表 3-1 看出。中国绿色金融产品不仅包括面向企业的传统的信贷方式，如项目融资和银团贷款，还扩展到了特色信贷产品如能效贷、光伏贷等，以及非信贷类产品如绿色债券、绿色信托等。此外，绿色金融产品也开始面向个人客户提供绿色消费贷款、绿色理财等零售产品。这种多元化的产品和服务结构，体现了中国银行业在绿色金融领域的创新能力和对市场需求的及时响应。[②]

---

① 推动绿色金融与转型金融有效衔接[EB/OL]，（2023-11-15）[2024-02-14]. http://camlmac.pbc.gov.cn/redianzhuanti/118742/5118184/5134061/5135397/index.html.

② 钱立华，方琦，鲁政委. 中国绿色金融：从银行到资管——中国绿色金融发展趋势展望（下篇）[J]. 金融发展评论，2019（11）：52-76.

表 3-1　中国各类绿色金融产品

客户类型	产品分类	产品范例
企业客户	传统信贷类产品	项目融资、银团贷款、流动资金贷款等
	特色信贷类产品	能效融资、转贷款、碳资产质押贷款、绿色供应链融资、排污权抵押贷企业款、专利质押贷款、特许经营权质押贷款、合同能源管理专项融资、林权抵押贷款、碳中和账户引用贷款、光伏贷、环保贷、绿票通等
	非信贷类产品	提供保函、委托贷款、绿色债券、绿色保险、环境污染责任保险、绿色资产证券化、绿色基金、绿色票据、绿色信托、绿色租赁等
个人客户	信贷类产品	绿色消费贷款、绿色按揭贷款
	非信贷类产品	绿色理财、绿色信用卡、绿色柜台债、个人碳账户、绿色租赁

资料来源：兴业研究。

第一节　绿色信贷

一、绿色信贷概述

广义绿色信贷是指旨在通过金融手段促进环境保护和可持续发展的信贷政策，狭义的可以指投向绿色项目或者促进高碳行业低碳转型的信贷产品，近年已从企业客户扩展到个人客户。绿色信贷的官方定义初次出现在 2007 年原国家环保总局、中国人民银行和原中国银行业监督管理委员会联合发布的《关于落实环境保护政策法规防范信贷风险的意见》中。[①]这份文件的核心目标是通过信贷政策的调整和实施，促进环境保护，防范因环境违法行为带来的信贷风险，以及遏制

① 魏青松，周燕. 环境经济政策催生“绿色上市公司”[J]. 董事会，2007（11）：86-87.

高耗能、高污染行业的盲目扩张。文件提出了一系列具体措施，包括加强环境监管与信贷管理，将企业环保守法情况作为审批贷款的必备条件之一，加强信贷风险管理，针对不同类型的贷款设计更细致的规定，如对超标排污、未取得许可证排污或未完成限期治理任务的已建项目，金融机构在审查企业流动资金贷款申请时应严格控制贷款[①]，构建信息沟通机制，各级环保部门依法查处环境违法行为，并及时公开查处情况，监督检查与责任追究。

绿色信贷政策旨在通过金融机制引导和激励企业采取更环保的生产方式，促进节能减排，同时规避因环境违法行为带来的信贷风险。通过这种方式，绿色信贷不仅有助于提高环境质量，还有助于推动产业结构的调整和优化升级。

自 2007 年以来，中国先后制定出台了一系列绿色信贷的政策和文件，以鼓励和倡导金融机构积极开展绿色信贷。这些政策和文件的出台，体现了中国政府推动绿色金融发展的决心，旨在通过金融手段促进环境保护和可持续发展，同时也为金融机构提供了明确的指导和激励机制，以支持绿色产业和项目。详见表 3-2。

表 3-2 中国绿色信贷相关政策文件汇总

年份	机构	文件	内容
2007 年	国家环境保护总局、中国人民银行和中国银行业监督管理委员会	《关于落实环保政策法规防范信贷风险的意见》（环发〔2007〕108 号）	是中国绿色信贷政策的起点，明确了将环保法规遵守情况作为信贷审批的重要条件
2012 年	中国银行业监督管理委员会	《绿色信贷指引》（银监发〔2012〕4 号）	中国银行业监督管理委员会发布的首个全面指导绿色信贷工作的文件，要求金融机构在信贷活动中考虑环境和社会风险

① 陈瑞清. 发展绿色信贷服务两型社会探讨[J]. 内蒙古统战理论研究，2008（5）：6-7.

续表

年份	机构	文件	内容
2013 年	中国银行业监督管理委员会办公厅	《关于绿色信贷工作的意见》（银监办发〔2013〕40 号）	进一步细化了绿色信贷的实施要求，包括完善统计制度和考核评价体系
2014 年	银行业金融机构	设立中国银行业协会绿色信贷业务专业委员会	促进绿色信贷业务发展
2015 年	中国金融学会	成立绿色金融专业委员会	推动绿色金融研究和实践
2015 年	中共中央、国务院	《生态文明体制改革总体方案》（国务院公报 2015 年第 28 号）	建立绿色金融体系。推广绿色信贷，加强资本市场相关制度建设，支持设立各类绿色发展基金，实行市场化运作
2016 年	中国人民银行等七部委	《关于构建绿色金融体系的指导意见》（银发〔2016〕228 号）	大力发展绿色信贷，推动证券市场支持绿色投资设立绿色发展基金，通过政府和社会资本合作模式动员社会资本，发展绿色保险，支持地方发展绿色金融等
2018 年	中国人民银行	《关于开展银行业存款类金融机构绿色信贷业绩评价的通知》（银发〔2018〕180 号）	启动了对 24 家主要银行绿色信贷业绩的评价工作
2019 年	中国人民银行	修订《绿色贷款专项统计制度》	响应《绿色产业指导目录（2019 年版）》（发改环资〔2019〕293 号）的印发

续表

年份	机构	文件	内容
2020 年	中国银行保险监督管理委员会[①]	《绿色融资统计制度》（银保监办便函〔2020〕739 号）	规范了绿色融资的统计和报告要求，以确保金融机构能够准确、及时地报告其绿色融资活动，从而支持绿色金融的发展和监管
2021 年	中国人民银行	《银行业金融机构绿色金融评价方案》（银发〔2021〕142 号）	对银行业金融机构的绿色金融业务进行全面评价

资料来源：根据政府网站信息整理。

至此，中国基本上形成了包括《绿色信贷指引》、绿色信贷统计制度、绿色信贷评价体系以及银行自身的绿色信贷政策四个部分的绿色信贷体系框架，旨在通过政策引导、统计监测、评价激励和机构自律，推动绿色金融的发展，支持环境保护和可持续发展。

二、中国绿色信贷规模与结构

从融资规模来看，绿色信贷在中国绿色金融体系中占据绝对地位，近年来保持了快速增长，是实体经济获得绿色低碳发展的重要资金来源。中国人民银行《2023 年三季度金融机构贷款投向统计报告》数据显示，截至 2023 年三季度末，中国本外币绿色贷款余额 28.58 万亿元，同比增长 36.80%，比年初增加 6.98 万亿元，占人民币各项贷款余额达到 12.18%。[②]见表 3-3。

① 现为国家金融监督管理总局。

② 2023 年三季度金融机构贷款投向统计报告[EB/OL]，（2023-11-02）[2024-02-14]. https://www.gov.cn/govweb/lianbo/bumen/202311/content_6913312.htm.

表 3-3　截至 2023 年三季度全国绿色贷款余额总体情况

全国绿色贷款余额	绿色贷款余额较年初增量	绿色贷款余额同比增长	绿色贷款余额占人民币各项贷款余额比重
28.58 万亿元	6.98 万亿	36.80%	12.18%

从用途看，占比前三的主要为基础设施绿色升级产业、清洁能源产业和节能环保产业，相应贷款余额分别为 12.45 万亿元、7.27 万亿元和 4.13 万亿元，其他合计为 4.75 万亿元，位居前三的用途同比分别增长 32.80%、36.20%和 42.30%，比年初分别增加 2.74 万亿元、1.73 万亿元和 1.16 万亿元（见表 3-4）。

表 3-4　截至 2023 年三季度绿色贷款余额分用途占比情况

用途	同比增长	占比
基础设施绿色升级产业	32.80%	43.56%
清洁能源产业	36.20%	25.44%
节能环保产业贷款余额	42.30%	14.45%
其他	4.730%	16.55%

从表 3-5 可知，从行业来看，电力、热力、燃气及水生产和供应业的绿色贷款余额最大，余额为 6.80 万亿元，占比为 23.79%，同比增长 27.60%，比年初增加 1.30 万亿元；其次为交通运输、仓储和邮政业，绿色贷款余额为 5.10 万亿元，占比为 17.85%，同比增长 13.80%，比年初增加 5,681 亿元，这显示绿色信贷在细分行业中较为集中。

表 3-5　截至 2023 年三季度绿色贷款余额分行业占比情况

行业	余额（万亿元）	占比
电力、热力、燃气及水生产和供应业	6.80	23.79%
交通运输、仓储和邮政业	5.10	17.85%
其他	16.68	58.36%

根据图 3-1 可知，绿色信贷中投向具有直接和间接碳减排效益项目的贷款分别为 9.96 和 9.14 万亿元，二者合计占绿色贷款的 66.80%。

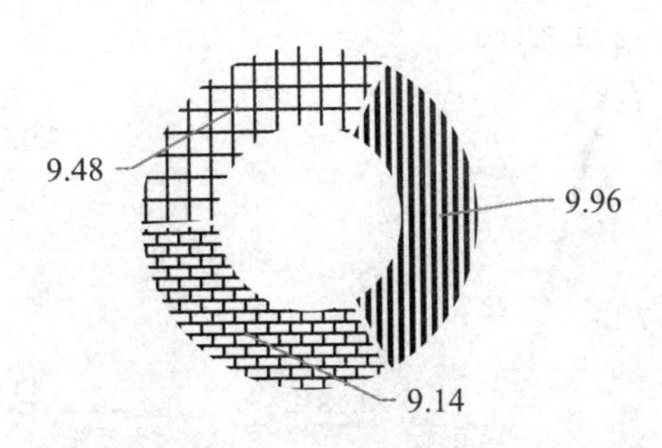

图 3-1　截至 2023 年三季度碳减排视角下的绿色贷款投向

三、中国绿色信贷产品与创新

（一）中国绿色信贷主要产品分类

中国的绿色信贷产品主要分为传统信贷类产品和特色信贷类产品。传统信贷类产品和特色信贷类产品的主要区别在于贷款的目的和用途，以及它们所支持的项目类型。

传统信贷类产品通常用于满足企业日常运营的资金需求，如项目融资、银团贷款、流动资金贷款等。它们不特定针对环保或绿色项目，而是广泛应用于各种类型的企业和项目。特色信贷类产品是专门为支持绿色产业和环保项目设计的，通常涉及特定的环境改善或资源节约项目，如能效融资、转贷款、碳资产质押贷款、绿色供应链融资、排污权抵押贷企业款、专利质押贷款、特许经营权质押贷款、合同能源管理专项融资、林权抵押贷款、碳中和账户引用贷款、光伏贷、环保贷、绿票通等。这些产品不仅关注贷款的经济效益，还强调其对环境的正面影响和对可持续发展的贡献，旨在通过金融手段促进环境保护和资源的高效利用。

（二）中国绿色信贷规模与发展速度

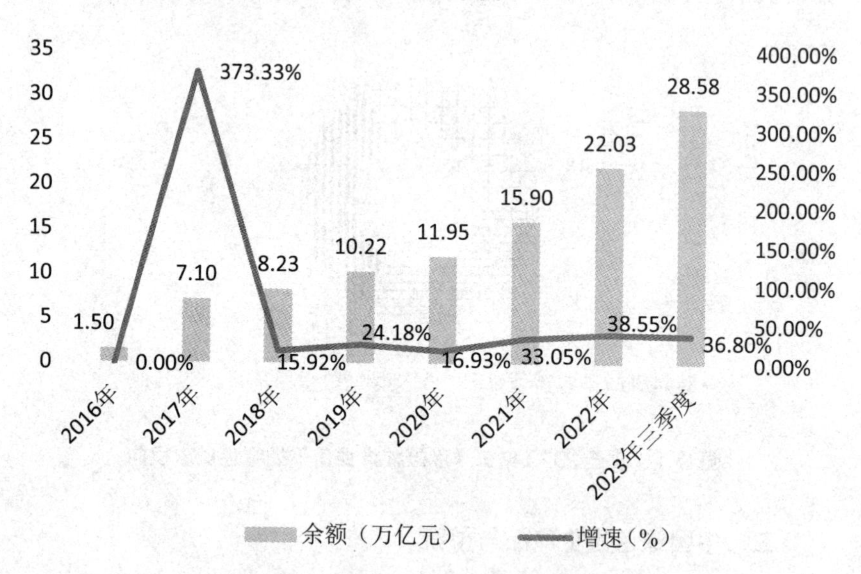

图 3-2　中国绿色信贷规模与发展速度

数据来源：根据中国人民银行公开数据整理。

从图 3-2 看，2016 年到 2023 年三季度，中国绿色贷款余额呈现出显著的增长趋势。从 2016 年的 1.50 万亿元增长到 2023 年三季度的 28.58 万亿元，这表明绿色信贷市场在不断壮大，金融机构对绿色产业和项目的支持力度在加大。绿色贷款余额的年增长率也呈现出逐年上升的趋势，但增速在 2018 年和 2019 年大幅下降，从 2020 年开始增速稳定上升，尤其是 2022 年和 2023 年三季度，增速都超过了 30.00%。

（三）中国绿色信贷产品创新

中国银行的绿色信贷产品创新主要通过合商业合作模式、产品性质、交易结构、融资主体、服务模式和风险管理等方面来实现。

从商业合作模式看，中国绿色信贷创新主要体现在银行与政府、企业、非政府组织（NGO）等多方深度合作创新上，共同推动绿色项目的发展。例如，通过与地方政府合作，为绿色项目提供政策支持和资金配套，或者与国际金融机构合作，引入国际绿色金融标准和经验。国内银行如华夏银行、浦发银行等通过与国际机构如法国开发署（AFD）、世界银行等合作，利用国际低成本资金，共同为绿色项目提供信贷支持，如京津冀大气污染防治项目和可再生能源项目。此外，国内银行还与地方政府合作，如南京银行与法国开发署的合作，法国开发署不仅提供资金支持，还提供绿色金融能力建设和专业技术支持，这有助于南京银行在绿色金融领域的业务发展和创新。

从产品性质看，中国银行绿色信贷产品与服务创新不断从传统的表内业务向相关表外产品延展，委托贷款和提供融资保函成为绿色融资新形式。在气候投融资领域，在商业银行与清洁基金合作的过程中，地方政府为气候投融资项目提供贴息支持，这直接降低了企业的融资成本，激励了更多的企业参与到绿色项目中来。此外，绿色金融平台建设和国际合作都推动了绿色信贷的发展，促进了绿色信贷的壮大。①

从交易结构看，中国银行开始重视绿色供应链金融，它是绿色金融、供应链金融和绿色供应链三者的有机结合，强调在贸易真实及核心企业实力基础上，关注环境保护。银行可以通过运用供应链金融产品和模式，加大对绿色产业和项目的金融支持，如兴业银行制定的《绿色供应链金融业务指引》，通过支持绿色设备生产商的生产与销售，以及下游企业购买绿色设备，促进绿色技术的推广应用，发展绿色标识产品贸易融资，如票据、接货融资等，支持下游贸易商或企业采购绿色产品。此外，银行可以依托核心企业（品牌企业）的绿色供应链，为上游供应商提供融资服务，同时激励整个供应链的绿色发展，将供应商的绿色评级与融资利率挂钩，为环境绩效好的供应商提供优惠融

① 钱立华，方琦，鲁政委．中国绿色金融：从银行到资管——中国绿色金融发展趋势展望（下篇）[J]．金融发展评论，2019（11）：52-76.

资条件，如彪马（PUMA）与金融机构合作的绿色供应链融资计划。

从融资主体看，中国绿色信贷在个人消费信贷方面的创新方向和重点主要包括以下几个方面。绿色建筑按揭贷款，例如，为购买绿色建筑、被动式建筑和装配式建筑提供贷款，如兴业银行和马鞍山农商银行的绿色建筑按揭贷款等。绿色汽车消费贷款，为购买节能型、新能源汽车提供贷款，如中信银行与特斯拉的合作等。绿色标识产品消费贷款，为购买具备绿色标识产品的消费者提供贷款，如马鞍山农商银行的绿色标识产品消费贷款等。鼓励绿色消费的绿色低碳信用卡产品，如兴业银行的中国低碳信用卡和光大银行的绿色零碳信用卡等。绿色光伏贷款，为家庭安装分布式光伏发电设备提供贷款，如华夏银行的光伏贷等。绿色普惠农林贷款，为农户、林户生态化生产提供贷款，如兴业银行的林权按揭贷款和马鞍山农商银行的稻虾连作绿色贷款等。主要商业银行的绿色信贷零售产品具体如表 3-6 所示。

表 3-6 部分商业银行的绿色零售产品

名称	部分商业银行的产品实践与案例
绿色建筑按揭贷款	兴业银行的绿色建筑按揭贷款
	马鞍山农商银行的绿色建筑按揭贷款
绿色汽车消费贷款	中信银行与特斯拉的汽车消费贷款
	中信银行与新能源共享汽车的合作贷款
绿色标识产品消费贷款	马鞍山农商银行绿色标识产品消费贷款
绿色低碳信用卡	兴业银行中国低碳信用卡
	光大银行绿色零碳信用卡
	中国农业银行金穗环保卡
绿色光伏贷款	华夏银行光伏贷
	浙江金华成泰农商银行光伏贷
	武义农商银行光伏贷
	山东淄博邮政储蓄银行光伏小额贷
绿色普惠农林贷款	兴业银行首创的林权按揭贷款
	马鞍山农商银行推出稻虾连作绿色贷款
	中国农业银行江苏海门支行发展生态农业信贷

资料来源：根据兴业研究公开材料整理。

中国商业银行的绿色消费信贷业务主要以单个创新业务为主，且这些业务通常在小规模范围内试点推广，尚未形成广泛推广和标准化的成熟产品。直到2020年，全国绿色消费信贷的规模数据才被纳入统计，之前的统计数据缺失，导致绿色消费金融的具体规模不明确。由于缺乏成熟的标准化产品，绿色消费信贷的推广和复制面临挑战，这限制了其在市场上的普及和应用。银行对于发展绿色消费金融业务的意识和重视程度有待提高。尽管绿色消费信贷有助于银行适应低资本消耗业务的趋势，但目前银行在这一领域的投入和创新还不够充分。随着银行资本消耗压力的增大，银行需要更加重视轻资本经营，而绿色消费信贷作为低风险权重的业务，有助于银行在资产投放上实现资本的有效利用。

总体来看，目前中国绿色消费信贷在产品创新、市场推广、标准化建设、数据统计和银行内部重视程度等方面都显示出起步阶段的特征，这表明绿色消费信贷市场还有很大的发展空间和潜力待挖掘。

四、中国绿色信贷案例

（一）引汉济渭工程项目贷款

引汉济渭工程是陕西省的一项重大水利工程，旨在通过将汉江水引入渭河流域，解决关中平原地区的水资源短缺问题。这一工程不仅对陕西省的水资源配置具有重要意义，也是国家“十三五”期间加快推进的172项重大水利工程之一。

在绿色信贷方面，国家开发银行陕西省分行和兴业银行西安分行都为引汉济渭工程提供了重要的金融支持。国家开发银行陕西省分行自2011年以来，累计向引汉济渭一期、二期工程提供了超过205亿元人民币的授信支持，并发放了相应的贷款。这些资金的投入，为工程的顺利进行提供了坚实的金融保障，确保了1,411万人的生产生活用水安全。

兴业银行西安分行也积极参与到引汉济渭工程的建设中，该行依托其绿色金融优势，为一期调水工程审批项目贷款，并在2021年累计投放了 5.82 亿元人民币。特别是在西安疫情期间，兴业银行克服困难，为一期调水工程投放了 1.30 亿元人民币，确保了工程在疫情期间的有序进行。此外，兴业银行已为二期输配水工程审批了 30 亿元人民币的项目贷款，后续将根据项目建设情况逐步投放。

这些银行的绿色信贷不仅为引汉济渭工程提供了必要的资金支持，而且通过降低融资成本、优化融资结构等方式，有效促进了工程的高效建设和管理，确保了水资源的合理利用和生态环境的保护。这些金融机构的参与，体现了绿色金融在支持重大基础设施建设和促进可持续发展中的重要作用。

（二）天津南港海上风电场一期工程项目

中国水电天津南港海上风电场一期工程项目是中国在可再生能源领域的重要投资，旨在利用海上风能资源，减少对化石燃料的依赖，促进能源结构的绿色转型。该项目是华北地区最大、也是天津地区首个海上风力发电项目，预计每年节约标准煤 5.70 万吨、减排二氧化碳量达 13.40 万吨。该项目首批安装了 18 台单机容量为 5 MW 的风电机组，总装机容量达到 90 MW，为天津提供了绿色清洁的电力。

在绿色信贷方面，中国建设银行天津市分行作为牵头行，与中国建设银行北京市分行组成内部银团，为中国水电天津南港海上风电场一期工程项目累计提供贷款 3.76 亿元人民币。这些资金的投入，对于项目的建设和运营起到了关键性的金融支持作用，确保了项目顺利推进并实现其绿色能源发电的目标。

第二节　绿色债券

一、绿色债券概况

中国关于绿色债券的官方定义主要来自中国人民银行、国家发展和改革委员会、中国证券监督管理委员会等部门发布的相关政策文件。绿色债券是指将募集资金专门用于支持符合规定条件的绿色产业、绿色项目或绿色经济活动，依照法定程序发行并按约定还本付息的有价证券，包括但不限于绿色金融债券、绿色企业债券、绿色公司债券、绿色债务融资工具、绿色资产支持证券（ABS）、蓝色债券、碳中和债券、碳收益绿色债券、绿色项目收益债券、绿色可转换债券、绿色可交换债券等。与传统债券相比，绿色债券在资金用途、项目评估与选择、跟踪管理和信息披露等方面有特别要求。绿色债券的发展有助于引导资本流向可持续发展领域，支持全球应对气候变化的挑战，同时也为投资者提供了一种新的投资选择，使他们能够支持环保项目并可能获得相应的回报。[①]

在资金用途方面，绿色债券所筹集的资金必须用于支持环境友好型项目，如清洁能源、能源效率、污染防治、清洁交通、水资源节约和保护等领域。在信息披露方面，发行绿色债券的企业和机构需要在债券发行文件中详细披露资金的用途、项目的环保效益以及环境风险管理措施等信息。在跟踪报告方面，绿色债券的发行人需要定期向投资者报告资金的使用情况和项目的环保效益，确保资金用于既定的绿色项目。在信息披露方面，绿色债券发行人需要在债券存续期间定期披露资金的使用情况、项目的进展以及预期或实际的环境效益。这种透明度有助于投资者了解资金的实际用途，并增强市场对绿色债券的信心。

2007 年 7 月，欧洲投资银行（EIB）首次向欧盟 27 个成员国的投资者发行了全球首只绿色类债券，称为“气候意识债券”，发行规模为 6 亿欧元（约合人民币 62 亿元），主要用于可再生能源和能效项目。

从 2013 年开始，国际市场绿色债券的发行规模和发行数量都经

① 陈骁，张明. 中国的绿色债券市场：特征事实、内生动力与现存挑战[J]. 国际经济评论，2022（01）：104-133+7.

历了急剧增加。2013 年 6 月，美国马萨诸塞州发行了首只贴标市政绿色债券。同年 10 月，瑞典哥德堡发行了首只绿色城市债券。同年 11 月，瑞典资产公司（Vasakronan）发行了全球首只企业绿色债券，这成为国际绿债市场的重要转折点。2014 年，全球绿色债券发行量为 2013 年的三倍之多。

中国绿色债券市场起步较晚，直到 2015 年 7 月，金风科技股份有限公司在香港联合交易所发行了中国首只绿色债券，金额为 1.50 亿美元。此后，多家商业银行、金融机构和企业都开始积极筹备绿色债券的发行。例如，2016 年 1 月，浦发银行在国内发行了 200 亿元的首只绿色金融债券。截至 2023 年三季度末，中国境内绿色债券市场余额 1.98 万亿元，位居世界第二，显示出市场规模的快速增长。绿色债券市场的发展不仅促进了资金投向绿色低碳领域，也为实现绿色低碳发展提供了重要的金融支持。

监管方面，一系列政策相继出台，规范绿色债券发行，为绿色债券提供政策支持。详见表 3-7。

表 3-7　中国绿色债券政策文件

时间	机构	政策文件	主要内容
2015 年 12 月	中国人民银行	《中国人民银行公告〔2015〕39 号》（关于在银行间债券市场发行绿色金融债券有关事宜的公告）	明确了绿色金融债券的定义、发行条件、资金使用范围以及信息披露要求，旨在规范绿色金融债券的发行，促进绿色金融的发展
2015 年 12 月	国家发展和改革委员会	《绿色债券发行指引》（发改办财金〔2015〕3504 号）	规范绿色债券的发行流程，明确了绿色债券的适用范围、支持的重点领域以及审核要求，旨在引导和规范绿色债券的发行，支持绿色产业和项目融资

续表

时间	机构	政策文件	主要内容
2016 年 3 月	上海证券交易所	《关于开展绿色公司债券试点的通知》(上证发〔2016〕13 号)	明确了绿色公司债券的定义、发行人发行绿色公司债券应具备的条件、所需递交的材料、债券募得资金用途及流向监管与信息披露的要求
2017 年 3 月	中国证券监督管理委员会	《中国证监会关于支持绿色债券发展的指导意见》(证监会公告〔2017〕6 号)	鼓励和支持符合条件的发行人在证券交易所市场发行绿色债券，明确了绿色债券的定义、发行条件、资金使用要求以及信息披露和监管机制，以促进绿色债券市场健康发展
2021 年 4 月	中国人民银行、国家发展和改革委员会、中国证券监督管理委员会	《绿色债券支持项目目录（2021 年版）》（银发〔2021〕96 号）	目录中详细列出了绿色债券支持的项目类别，包括节能环保产业、清洁生产产业、清洁能源产业、生态环境产业、基础设施绿色升级、绿色服务等六大类，并进一步细分为多个子类别，涵盖了能效提升、可再生能源、污染防治、水资源节约、绿色建筑、绿色交通等多个领域。此外，目录还强调了绿色债券发行和管理的透明度，要求发行主体在绿色项目认定、资金投向、信息披露等方面遵循相关规定，以确保绿色债券资金的有效使用
2022 年 7 月	绿色债券标准委员会	《中国绿色债券原则》	为绿色债券市场提供一套统一的规范和标准，确保绿色债券的资金用于支持环境友好型项目，同时通过信息披露和报告机制提高透明度，以促进绿色债券市场的健康发展和国际合作

资料来源：根据政府网站信息整理。

二、中国绿色债券发展规模

中国绿色债券市场自 2015 年以来经历了显著的增长。2015 年，中国绿色债券市场起步，同年 7 月，金风科技股份有限公司在香港联交所发行了中国首只绿色债券，金额为 1.50 亿美元。此后，市场规模不断扩大。截至 2020 年末，中国绿色债券存量约为 8,000 亿元人民币，位居世界第二。2021 年，中国绿色债券市场继续增长，全年发行规模达到 802.76 亿元人民币。2022 年，中国绿色债券市场表现出强劲的增长势头。根据保尔森基金会绿色金融中心与北京金融与可持续发展研究院发布的《金融科技推动中国绿色金融发展：案例与展望（2023）》报告，2022 年中国绿色债券发行数量达到 610 只，发行规模为 8,044.03 亿元人民币，同比增长 32.30%。这一增长反映了中国政府对环保和可持续发展的重视，以及绿色金融政策的推动作用。

此外，时任中国人民银行行长易纲在博鳌亚洲论坛 2023 年年会上表示，截至 2022 年末，中国绿色债券余额大幅增长至超过 2.50 万亿元人民币。这些数据进一步证实了中国绿色债券市场的快速发展和对绿色金融的大力支持。

随着绿色金融政策的推出和市场需求的持续增加，中国绿色债券发行不断升温。万得（Wind）最新数据显示，截至 2023 年 12 月初，2023 年以来中国共发行 758 只、规模共计 10,815.70 亿元的绿色债券，较去年同期 745 只 10,566.60 亿元的市场规模，在发行只数上同比增加 1.74%，在融资规模上增长 2.36%，净增加 249.10 亿元。①

从资金投向来看，环保、节能、清洁能源等领域依然是绿色债券资金的关注重点。中国银行研究院透露，2023 年前 11 个月，中国绿色债券募集资金超过四成投向清洁能源领域，主要用于风电、光伏等

---

① 多个利好政策叠加 绿色债券发行规模超万亿元. [EB/OL]，（2023-12-08）[2024-02-14]. http://www.cinic.org.cn/xw/schj/1499141.html.

项目，超过三成投向绿色交通领域，主要用于轨道交通、新能源汽车相关项目。[①]

三、中国绿色债券分类

绿色债券按照不同标准可以有不同分类，按照发行主体和资金用途分类，如表 3-8 所示。

表 3-8 绿色债券分类

分类标准	品种	具体内容
发行主体	绿色金融债	由金融机构发行，如政策性银行、商业银行等
	绿色公司债	由非金融企业发行，包括国有企业和民营企业
	绿色企业债	由企业发行，用于支持其绿色项目或业务
	绿色地方政府专项债	由地方政府发行，用于支持特定的绿色项目
资金用途	清洁能源	用于支持风电、光伏等清洁能源项目
	绿色交通	用于支持轨道交通、新能源汽车等绿色交通项目
	环保	用于支持污水处理、固废处理等环保项目
	节能	用于支持能效提升、节能改造等项目

资料来源：根据中国绿色债券政策文件整理。

此外，还有绿色中期票据等债务融资工具、绿色熊猫债券和境外绿色债券等。这些绿色债券类型丰富了绿色金融市场的产品结构，为投资者提供了多样化的投资选择，同时也为绿色产业和项目提供了多元化的融资渠道。这些分类有助于投资者和监管机构更好地识别和理解绿色债券的性质和用途，从而促进绿色债券市场的健康发展。随着绿色金融政策的不断完善和国际合作的深化，中国的绿色债券分类和标准也在不断与国际接轨。

① 秦玉芳. 绿色债券发行蓄势放能[N]. 中国经营报，2023-12-18（B4).

四、中国绿色债券案例

（一）比亚迪股份有限公司绿色债券

在绿色交通领域，比亚迪股份有限公司通过发行绿色债券，成功筹集资金用于支持新能源汽车及零部件、电池及电池材料、城市云轨等绿色产业项目建设，同时补充了公司流动资金，体现了绿色债券在促进绿色产业发展和实现可持续发展目标中的作用。具体内容见表3-9。

表 3-9 比亚迪绿色债券公告信息

债券名称	2018 年第一期比亚迪股份有限公司绿色债券
发行规模	10 亿元人民币
债券期限	5 年期，附设第 3 个计息年度末的发行人调整票面利率选择权和投资者回售选择权
债券利率	固定利率，单利按年计息，不计复利，市场化方式确定发行利率
发行价格	面值 100 元人民币，平价发行，认购单位为 1,000 元人民币的整数倍，不少于 1,000 元
还本付息方	每年付息一次，到期一次还本，最后一期利息随本金兑付
信用评级	发行人主体信用等级和债券信用等级均为 AAA 级，由联合资信评估有限公司评定
债券担保	无担保
募集资金用途	50.00%募集资金用于电池及电池材料、电动客车零部件项目，包括青海比亚迪实业有限公司年产 2 万吨磷酸铁锂项目，汕尾比亚迪汽车有限公司电池零部件制造及电池测试项目之锂离子电池极片生产线扩产项目，以及武汉比亚迪汽车有限公司新能源客车零部件制造项目；剩余 50.00%募集资金用于补充公司流动资金
社会和经济效益	募集资金投向的项目均属于《绿色债券发行指引》范畴，具有良好的社会和经济效益

资料来源：东方财富网。

（二）金风科技股份有限公司绿色债券

金风科技股份有限公司是中国领先的风电设备制造商和服务提供商。随着全球对清洁能源需求的增长，金风科技面临着扩大生产规模、研发新技术以及开发新风电场的挑战。为了支持这些绿色项目，金风科技选择了发行绿色债券作为融资手段。具体内容见表 3-10。

表 3-10 金风科技绿色债券发行公告

债券名称	2015 年金风科技绿色债券
发行规模	1.50 亿美元
债券期限	3 年
债券利率	票面利率为 2.50%
发行价格	99.562 美元
还本付息方式	债券采用固定利率，按年计息，到期一次还本，最后一期利息随本金兑付
信用评级	发行主体以及债项的信用评级均为 A1，由穆迪信用评级机构评定
债券担保	无担保
募集资金用途	主要用于风电设备的生产研发以及风电场的开发，具体包括吉林长岭龙凤湖制氢项目、河南濮阳清丰项目和内蒙古包头固阳兴顺西天润风电场等绿色项目
社会和经济效益	金风科技的绿色债券发行不仅为公司提供了稳定的长期资金支持，降低了企业的资产负债率，而且投资绿色项目，有助于减少温室气体排放，推动清洁能源的发展，符合国家节能减排和绿色发展的战略目标。此外，债券的成功发行也提升了金风科技在国际市场的知名度，为其在海外市场的进一步拓展奠定了基础

资料来源：香港证券交易所。

第三节　绿色保险

一、绿色保险概括

2022年中国银行保险监督管理委员会发布的《绿色保险业务统计制度的通知》中，绿色保险被明确定义为保险业在环境资源保护与社会治理、绿色产业运行和绿色生活消费等方面提供风险保障和资金支持等经济行为的统称。这一定义体现了绿色保险不仅具有传统保险的属性，还融入了“绿色”的内涵与外延，旨在通过保险机制促进环境保护和可持续发展。

此外，中国保险行业协会发布的《绿色保险分类指引（2023年版）》（以下简称《指引》）[①]也对绿色保险进行了进一步的细化和规范。这份《指引》是全球首个全面覆盖绿色保险产品、保险资金绿色投资、保险公司绿色运营的行业自律规范，它从业务分类的角度出发，对绿色保险产品、保险资金绿色投资、保险公司绿色运营做出规范，并提供具体的分类表和工作建议，为保险公司体系化地推进绿色保险工作提供了行动方案。

二、中国绿色保险发展规模

据中国保险行业协会统计，2018至2020年保险业累计为全社会提供了45.03万亿元保额的绿色保险保障，支付赔款533.77亿元，有力发挥了绿色保险的风险保障功效。2020年绿色保险保额18.23万亿，较2018年增加6.19万亿元，年均增长23.43%；2020年绿色保险赔付金额213.57亿元，较2018年增加84.78亿元，年均增长28.77%，高

① 朱艳霞. 绿色保险分类指引发布[N]. 中国银行保险报，2023-09-27（4）.

于保费年均增长 6.81 个百分点。[①]如图 3-3、图 3-4 所示。

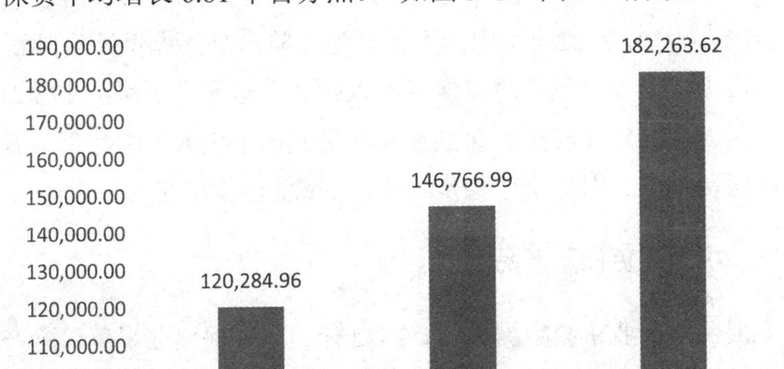

图 3-3　2018—2020 年中国绿色保险保额趋势图

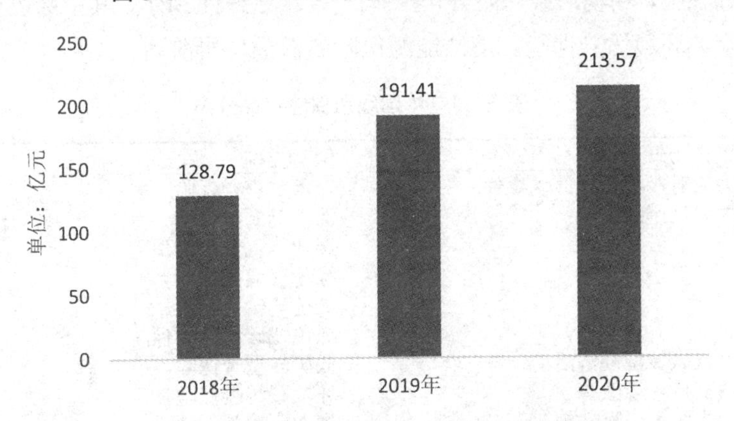

图 3-4　2018—2020 年绿色保险赔付趋势图

虽然近两年行业总体数据未曾披露，但从主要保险公司披露数据来看，中国绿色保险的规模在保额和赔付金额方面都显示出快速增长的趋势。中国人民保险集团在服务碳达峰、碳中和发布会公布，该公司 2021 年提供绿色保险保障超过 23 万亿元，累计发起设立绿色金融产品 12 只，产品规模 213.83 亿元，2021 年电子保单下载量超过 3 亿件。

① 向飞. 中国绿色保险的创新与发展[J]. 金融博览，2022（09）：14-15.

根据《中国银行保险报》统计，从上市险企 2022 年度企业社会责任报告统计可知，2022 年，中国人保绿色保险产品共提供风险保额 68 万亿元，中国平安绿色保险原保费收入超 251 亿元，保额超 176 万亿元，中国太保绿色保险提供保额超 8 万亿元，中国人寿绿色保险各主要险种保费规模、保险金额稳步增长，保额超 4,178 亿元。[①]

三、中国绿色保险产品类别

中国保险行业协会数据显示，2022 年，中国保险业绿色保险产品数量超过 3,600 个。从结构上看，目前绿色保险包括清洁能源保险、绿色交通保险、绿色建筑保险、绿色技术保险、巨灾/天气保险、绿色资源保险、环境污染保险等，具体分类如表 3-11 所示，其中绿色交通保险、环境污染保险、清洁能源保险的保额位居前列。[②]

表 3-11　中国绿色保险产品分类

领域（场景）	保险类别
助力应对极端天气气候事件	气象灾害类保险
助力绿色产业发展	清洁能源类保险
	产业优化升级类保险
	绿色交通类保险
	绿色建筑类保险
	绿色低碳科技类保险
助力低碳转型经济活动	低碳转型类保险
助力支持环境改善	环境减污类保险
助力生物多样性保护	生态环境类保险
助力绿色金融市场建设	绿色融资类保险
	碳市场类保险
助力绿色低碳安全社会治理	绿色低碳社会治理类保险
助力绿色低碳交流与合作	绿色低碳贸易类保险
	绿色低碳活动类保险
助力绿色低碳生活方式	绿色生活类保险
其他	

资料来源：中国保险行业协会《绿色保险分类指引（2023 年版）》。

① 朱艳霞. 绿色保险日益丰富[N]. 中国银行保险报，2023-04-06（6）.

② 杨倩雯. 进博会上的绿色保险：新产品、险企低碳运行团标都来了[N]. 第一财经日报，2023-11-09（A3）.

四、中国绿色保险案例

（一）平安产险森林碳汇遥感指数保险

为促进“双碳”目标实现，平安产险借助卫星遥感技术，在 2021 年创新开发了森林碳汇遥感指数保险，其以碳汇的变化量为赔偿、补偿依据，在传统林险的基础上，用碳汇指数保险为森林经济提供更全面的保障，助力灾后林业碳汇资源救助和碳源清除、森林资源培育、加强生态保护修复。截至 2022 年底，平安产险森林碳汇遥感指数保险已在河北、广西、湖南、安徽、广东、贵州等 15 省区市相继试点落地。这些实践不仅有助于提高林业单位对自然灾害的抵御能力，还能促进碳汇资源的有效管理和利用，为实现碳中和目标贡献力量。

（二）中国人保财险光伏行业实践

2023 年，中国人保财险在绿色保险领域的创新实践得到了广泛认可，特别是在支持国家碳达峰、碳中和目标方面，推出了多款“双碳”保险产品，例如，碳配额保险、碳抵消保险、碳捕集保险、ESG 保险、天然气余压利用保险、光伏行业保险等。其中中国人保财险在光伏行业多个环节绿色保险方面的实践如下。

人保财险为光伏电站提供了运营期财产保险，这种保险保障了电站在自然灾害、意外事故等情况下的直接财产损失，以及电站发电收入损失等风险。例如，在云南昆明市“药光互补”光伏发电项目建设基地，人保财险昆明分公司从 2012 年至今，参与承保了禄劝乌东德电厂和金沙江乌东德水电站准备工程保险、主体工程保险和安装工程保险等，提供了近 300 亿元的风险保障。

人保财险推出了太阳能光伏组件长期质量与功率保证保险产品，为光伏组件企业提供了长达 30 年的保障。保险期间内，如果光伏组件因原材料缺陷或制造缺陷导致产品质量或发电功率未达到承诺标准，保险公司负责赔偿。人保财险已为国内 30 多家技术能力领先的光伏组件制造企业提供了这种保险服务。

人保财险推出了针对光伏电站发电收入损失的补偿保险，以气象部门、美国航空航天局（NASA）或双方认可的第三方机构的太阳辐射量数据作为理赔依据。这种保险产品为电站投资者提供了收入保障，减轻了因天气变化导致的发电收入波动风险。

在光伏组件销售环节，人保财险通过贸易信用保险产品，保障了光伏企业的应收账款安全，帮助企业获得银行融资，从而促进了光伏产品的市场推广。

在电站开发建设环节，人保财险推出了建设工程履约保证保险，协助电站开发商和设计采购施工（EPC）承包商降低工程风险，保障建设工程如期竣工、质量可靠。

这些案例展示了中国人保财险在光伏行业绿色保险领域的创新实践，通过提供多样化的保险产品和服务，支持光伏产业的发展，降低企业风险，促进绿色能源产品的市场推广和应用。

第四节　绿色基金

一、绿色基金概括

绿色基金主要指投向绿色产业的基金，是绿色项目股权融资的重要渠道。目前中国国内的绿色资金主要来源是绿色信贷和债券，但就项目的发展阶段来看，首先需要的是资本金支持，也就是股权融资。在资本市场支持碳中和战略行动中，国家和地方各个层面的绿色基金是重要力量之一，不仅提升了直接融资的比例，也切实支持了经济社会低碳转型。

在中国，绿色基金的发展得到了国家层面的重视和支持。2016 年 8 月，中国人民银行等七部委联合发布的《关于构建绿色金融体系的指导意见》中明确提出支持设立各类绿色发展基金，实行市场化运作。

这一政策旨在通过 PPP 模式动员社会资本，支持生态文明建设和绿色发展。

绿色基金在中国的发展呈现出多样化的趋势，包括政府引导基金、PPP 绿色项目基金、产业企业发起的绿色产业发展基金、金融机构或私人发起的绿色私募股权投资/风险投资（PE/VC）基金等。这些基金的设立旨在推动绿色产业的发展，包括但不限于清洁能源、环境治理、节能减排等领域。

2020 年 7 月，经国务院批准，国家绿色发展基金股份有限公司成立，注册资本达 885 亿元人民币。这是由财政部、生态环境部、上海市人民政府三方发起成立的绿色发展领域的国家级投资基金，长江经济带沿线 11 省均参与出资。国家绿色发展基金重点支持环境保护和污染防治，生态修复和国土空间绿化，能源资源节约利用，绿色交通和清洁能源等领域，旨在发挥政府资本对于社会资金的引导效应，利用市场机制支持生态文明建设和绿色发展。

二、中国绿色基金发展规模

本节主要依据中国证券投资基金业协会发布的《基金管理人绿色投资自评估报告（2023）》进行规模分析。

2023 年 7 月，根据《绿色投资指引（试行）》要求，中国证券投资基金业协会面向资产管理类会员机构开展了第五次自评估调查。本次自评估调查共收到 1972 份反馈结果，获得有效样本 907 份。其中，证券版问卷有效样本 436 份，股权版问卷有效样本 471 份。

在绿色投资管理方面，中国的公募基金和私募基金都在积极响应国家绿色发展和“双碳”目标。公募基金在这一领域的表现更为突出，25 家样本公募机构中有 62.50%明确将“绿色投资”纳入公司战略，并有 13 家机构制定了相关的业务行动方案或将其纳入中长期发展规划。这些机构通过社会责任报告、环境信息披露报告和公司声明等方式公开披露其绿色投资战略。相比之下，私募基金中只有 51 家（占样本私募证券机构的 13.00%）将“绿色投资”纳入公司战略。这些机构在可持续发展方面有所投入，将 ESG 投资纳入投资研究和风险控制的全流程，重点关注新能源、绿色农业等领域，并积极响应国家碳中和战略。

在绿色投资产品的运作方面，32 家样本公募机构发行了以绿色投资为目标的产品，总计 120 只产品，截至 2023 年二季度末，这些产品的净资产合计为 1,321.80 亿元人民币。其中，114 只产品采用了绿色投资策略，包括 67 只主动型基金和 47 只被动指数型基金，主要聚焦于低碳环保、节能、新能源、碳中和等主题。而私募基金中，只有 2 家样本私募证券机构发行了 2 只以绿色投资为目标的产品，这些产品均遵循特定的绿色投资策略，并向投资者进行披露，同时采取主动措施促进被投企业提升绿色绩效。

三、中国绿色基金分类

中国目前绿色基金政策文件或者指导文件中并无绿色基金权威分类，但是部分研究院对于绿色基金模式等做了梳理（见表 3-12）。不同类型的绿色基金，其目的、资金来源、投资对象/范围、运行机制和组织形式都有所区别。例如，从政府资金参与程度角度看，绿色基金可分为政府性环境保护基金、政府与市场相结合的绿色基金（PPP 模式绿色基金）、纯市场的绿色基金。从投向角度看，绿色基金包括绿色证券基金、绿色股权基金、排放权基金、绿色担保基金等。从发起设立方式角度看，中国绿色产业基金主要有四类：政府发起的绿色引导基金、PPP 绿色项目基金、产业企业（大型企业集团）发起的绿色产业发展基金、金融机构或私人发起的绿色 PE/VC 基金等。[①]

① 杨宇航. 绿色金融对我国经济的拉动作用研究——基于全国 30 个省市自治区的面板数据实证分析[D]. 西南民族大学，2022.

表 3-12　中国绿色基金模式分类

基金类型	发起主体	基金投向
绿色产业引导基金	各级政府	偏公益性行业，具有长远意义、重大意义的关键技术、重要领域，投资回报期长，风险较大
PPP 绿色项目基金	地方政府或建设单位	公益性强、投入期限长、投资回报率偏低，但现金流相对稳定
产业发展绿色基金	大型企业集团	与企业业务具有一定协同性的绿色产业。侧重生态发展和经济收益的结合，布局绿色产业的同时，履行社会责任
绿色 PE/VC 基金	金融机构、私人	市场化项目，行业前景好，投资回报较好的绿色股权项目

资料来源：海南省绿色金融研究院、中国金融学会绿色金融专业委员会。

四、中国绿色基金案例

（一）中国设立多个绿色政府引导基金

中国绿色政府引导基金在推动绿色产业发展和实现可持续发展目标方面发挥了重要作用。典型案例包括国家绿色发展基金和省级政府层面的绿色产业基金。

国家绿色发展基金是由财政部、生态环境部和上海市人民政府共同发起的国家级政府投资基金，首期规模达 885 亿元人民币。该基金聚焦环境保护和污染防治，生态修复和国土空间绿化，能源资源节约利用，绿色交通和清洁能源五大领域，通过投资推动绿色产业发展，实现生态效益、社会效益和经济效益的统一。[①]

辽宁、浙江、广西等省区纷纷成立绿色产业基金，这些绿色产业

① 王文，崔震海，刘锦涛. 后疫情时代中国经济绿色复苏的契机、困境与出路[J]. 学术探索，2021（03）：77-86.

基金在投资领域和运作模式等方面有所不同，体现了地方政府根据自身区域特点和产业发展需求制定差异化的投资策略。广西绿色新兴产业基金主要投资高端绿色家居全产业链，高端制造业、电子信息及大健康产业。辽宁绿色低碳产业投资基金主要投资环保产业领域的优秀企业股权、环保领域重点工程项目。浙江丽水市高质量绿色发展产业基金主要投资精密制造、健康医药、半导体全链条、时尚产业、数字经济等产业集群，以及环保、旅游、金融、文化、乡村振兴等重点产业。甘肃兰州新区绿色基金主要投资绿色化工、现代农业、生物医药等绿色发展重点领域。

这些案例展示了绿色政府引导基金在促进绿色技术创新、推动产业结构调整、支持环保和低碳产业发展等方面的积极作用。通过政府资金的引导和撬动作用，这些基金吸引了更多的社会资本参与绿色投资，形成了政府与市场共同推动绿色发展的有效机制。

（二）安徽新安江项目生态补偿基金

2020 年，财政部协调亚洲开发银行及相关各方，加快开展亚洲开发银行贷款项目磋商谈判和签约，全年共签约 12 个项目，重点扶持绿色发展和机制创新项目。其中，亚洲开发银行在安徽创设了新安江项目生态补偿基金，探索建立地方政府、企业与农民之间的生态补偿机制，借鉴国际先进规则和最佳实践经验，支持机制创新举措。

安徽新安江生态补偿基金是中国首个跨省流域生态补偿机制试点项目，旨在系统回顾并总结国内外生态补偿的实施情况和效果，梳理国内外绩效考核体系的评价指标体系和补偿标准计算方法，研究制定新安江流域补偿标准和流域生态补偿绩效评价体系，促进流域生态补偿机制评价案例研究并提出完善流域生态补偿机制的政策建议，由此实现保护新安江流域的生态环境、确保水质安全的目的。自 2012 年启动以来，该项目已经完成了三轮试点，取得了显著的成效。在这一机制下，安徽省和浙江省根据水质考核结果进行资金补偿，即如果安徽跨界考核断面水质达标，浙江每年补偿安徽 1 亿元；反之，安徽则补偿浙江1亿元。这种“谁受益谁补偿、谁保护谁受偿”的原则，有效激励了两省共同参与生态环境保护。

新安江生态补偿基金的实施，不仅改善了新安江的水质，使得跨省界断面水质连续多年达到皖浙两省协定的生态保护补偿考核要求，而且每年向千岛湖输送近70亿立方米的干净水，促进了千岛湖水质的同步改善。[①]此外，该项目还推动了当地经济结构的转型，通过发展生态旅游、精致农业等产业，实现了生态保护与经济发展的双赢。

第五节　碳金融

一、碳金融概括

碳金融作为环境金融的一个分支，是基于对碳排放的管理衍生出的一种新型金融运作体系。碳金融的起源与发展同国际气候政策的变化密不可分，特别是两个具有重大意义的国际公约——《联合国气候变化框架公约》和《京都议定书》。从全球范围看，碳金融兴起于《京都议定书》签署之后,《京都议定书》纳入了三个基于市场的交易机制。碳排放权交易与交付存在时间差的特性使其具有跨期配置资源的金融产品的特性,而碳交易中心的成功运作离不开发达的金融体系的支持。因此，金融机构成为从事碳排放权交易的主体，有超过5%的对冲基金投资于碳金融理财产品，碳交易也成为一种新的金融概念。在碳交易的基础上，银行、对冲基金等金融机构又相继开发了碳融资、碳保险、碳掉期、碳期货和碳期权等衍生产品，形成了多层次的碳金融体系，迅速成为金融领域的研究热点和发展方向。碳金融辐射范围广泛，影

① 刘慧娴，陆安平，杨�宸，等. 十年——只为一江碧水向东流[J]. 中国财政，2022（14）：86-88.

响主体众多，涉及各类国际组织、各国政府部门、各区域交易所以及大量的非政府组织和金融机构，各方之间交错着复杂的利益博弈。

随着碳交易市场的逐步成熟，碳金融的概念也在不断扩展。早期，碳金融主要指一、二级碳市场中的碳配额及核证减排量交易的相关金融活动，即以碳排放权作为标的物，通过碳市场实现碳排放权的购买和出售，从而实现碳排放控制的直接或衍生金融活动。随着全球碳交易的不断发展，碳交易市场参与主体不断增加，碳金融覆盖面不断扩大，包括商业银行、资产管理公司等金融机构开始增加围绕碳交易的支持服务。发展至今，碳金融泛指服务于限制碳排放的所有金融活动，既包括狭义碳金融，也包括在碳市场之外为减碳控排行为提供融资和支持服务的所有金融活动（即广义的碳金融）。①

关于碳金融的定义和相关文件，可以参照中国人民银行、国家金融监督管理总局、中国证券监督管理委员会发布的相关政策文件。例如，中国人民银行发布的《金融科技发展规划（2022—2025 年）》中提到，要打造数字绿色的服务体系，在绿色金融领域运用数字技术开展绿色定量定性分析，强化绿色企业、绿色项目智能识别能力，提升碳足迹计量、核算与披露水平。此外，中国证券监督管理委员会发布的《碳金融产品》（JR/T 0244—2022）标准详细规定了碳金融产品的分类和实施要求，包括碳市场融资工具、碳市场交易工具和碳市场支持工具等。

从中国碳金融的发展历程来看，在 2021 年全国碳交易市场上线之前，北京、湖北、深圳、广州等地试点的交易所都尝试开展了相关的碳排放权交易的金融衍生品服务，多集中在基金、债券、质押融资、回购融资等项目。

---

① 王方琪."绿金"聚焦碳中和[N]. 中国银行保险报，2022-05-26（6）.

二、中国碳市场发展规模

作为发展中国家，中国过去不承担《京都议定书》中规定的强制性减排任务，主要通过开发清洁发展机制项目参与国际碳市场的减排活动，在国际气候谈判中处于劣势地位。虽然中国核证减排量的供应充足，但只能作为碳金融市场中的价格接受者，核证减排量的价格远远低于国际价格，而且中国碳金融产品种类较少，中介机构参与度较低，尚未形成比较合理的定价机制。

2011 年，为落实“十二五”规划关于逐步建立国内碳排放交易市场的要求，推动运用市场机制以较低成本实现 2020 年控制温室气体排放行动目标，加快经济发展方式转变和产业结构升级，国家发展和改革委员会决定将北京、天津、上海、重庆、湖北、广东和深圳 7 个省区市作为首批碳排放权交易试点。2013 年 6 月，深圳碳交易市场在全国率先启动，随后其他试点市场陆续开市。在《中美元首气候变化联合声明》中，中国计划于 2017 年启动全国碳排放交易体系。2017 年 12 月，国家发展和改革委员会颁布了《全国碳排放权交易市场建设方案（发电行业）》，这标志着全国碳排放权交易市场建设的正式启动。国家发展和改革委员会秉承“成熟一个，纳入一个”的原则，以发电行业为切入点，逐渐拓展碳交易市场的覆盖范围。这些试点地区的碳市场成交量和成交额在 2019 年末相较于 2018 年实现了两位数的增长，涉及的行业包括能源、电力、石化、钢铁、水泥等高能耗高污染行业。[①]

全国碳排放权交易市场自 2021 年 7 月开市以来，运行已满两年。生态环境部公布数据显示，截至 2023 年 10 月 25 日，全国碳排放权交易市场碳排放配额累计成交量 3.65 亿吨，累计成交额 194.37 亿元。全国碳排放权交易市场总体运行平稳，价格发现作用初步显现，企业减排意识和能力明显增强，基本实现预期建设目标。这些数据表明，

① 袁溥. 中国碳金融市场运行机制与风险管控[J]. 国际融资，2020（10）：55-58.

中国碳市场在成交量和成交额方面都呈现出显著的增长趋势。

对于中国碳交易试点市场而言，目前只有碳排放配额交易产品，期货及其他金融衍生品都有待开发——市场参与主体不能进行套期保值，也没有套利空间，碳市场建设还处于起步阶段。另外，商业银行参与度也不高，处于探索阶段。如何构建多层次的碳交易市场体系和多元化的碳金融服务体系，从而实现中国产业结构低碳化与升级，促进可持续发展，是当前中国低碳经济发展过程中亟须解决的问题。

三、中国碳金融产品分类（见表 3-13）

表 3-13　中国碳金融产品分类

碳金融产品	产品归类
碳市场融资工具	碳债券 碳资产抵质押融资 碳资产回购 碳资产托管
碳市场交易工具（碳金融衍生品）	碳远期 碳期货 碳期权 碳掉期 碳借贷
碳市场支持工具	碳指数 碳保险 碳基金

资料来源：中国证券监督管理委员会《碳金融产品》（JR/T 0244—2022）。

四、中国碳金融案例

（一）绍兴中成热电获批 6,000 万碳排放权抵押贷款额

绍兴市在 2021 年 6 月 1 日出台《绍兴市碳排放权抵押贷款业务操作指引（试行）》（以下简称《指引》），标志着碳资产抵押融资在地

方层面正式实施。该《指引》明确了碳排放权抵押贷款的贷款条件、用途、管理要求等关键要素，使得企业的碳配额能够转化为实际的流动资金，为企业的绿色发展提供了新的融资渠道。根据《指引》要求，碳排放权抵押贷款的期限需在碳排放配额的使用期限内，且贷款到期日不能超过碳排放配额的使用期限。贷款额度则根据碳排放权的市场化评估价值和抵押率来确定，抵押率原则上不超过评估价值的80.00%。贷款利率则参考中国人民银行公布的同期限同档次贷款市场报价利率（LPR），并结合借款人的信用状况来合理设定。

绍兴市首批重点单位碳排放配额的下达，为14家企业预分配了约6.70亿元的碳配额。绍兴中成热电有限公司作为其中之一，利用其碳排放配额作为抵押，从绍兴恒信农商银行获得了6,000万元的碳排放权抵押贷款，贷款利率为4.35%。这笔贷款不仅支持了企业的低碳减排项目，也体现了金融机构对绿色循环发展的积极支持。

（二）河北省首笔碳排放质押配额贷款案例

2021年8月8日，河北省生态环境厅、河北建投能源投资股份有限公司、兴业银行股份有限公司石家庄分行签订了碳金融战略合作协议。在这次合作中，兴业银行石家庄分行与河北西柏坡第二发电有限责任公司、河北建投融碳资产管理有限公司签订了碳质押融资协议。这是河北省第一笔落地的碳排放配额质押贷款，贷款额度为2,000万元人民币。

河北省作为能源消费和碳排放大省，产业结构以重化工为主。河北省通过发放碳排放配额质押贷款，减轻企业减碳压力，优化企业的碳配额设置。

本章小结

本章深入分析了绿色金融产品的发展，特别是绿色信贷和绿色债券。绿色信贷作为绿色金融体系的核心，近年来在中国保持快速增长，成为支持实体经济绿色低碳发展的重要资金来源。绿色信贷产品不断创新，涵盖了能效融资、碳资产质押贷款、绿色供应链融资等多种类型，旨在支持绿色产业和项目。绿色债券市场也迅速发展，成为引导资本流向绿色领域的有效工具。中国绿色债券市场规模位居世界前列，发行规模和种类不断增加，为清洁能源、节能环保等领域提供了资金支持。绿色保险、绿色基金和碳金融等其他绿色金融产品也在推动绿色转型中发挥着重要作用，通过提供风险保障、资金支持和市场机制，促进了绿色产业的发展和经济结构的优化。

第四章　绿色金融与绿色转型

第一节　绿色转型

随着全球气候变化和环境问题日益严重，绿色转型已经成为中国经济社会发展的重要任务。近年来，许多研究关注了绿色转型的理论、政策、路径和实践等方面的问题。

一、绿色转型的含义

绿色转型是一种发展模式转变，旨在实现经济、社会、环境的可持续发展，降低资源消耗和环境污染，提高生态效益。这一概念已被全球多个国家和国际组织接受并付诸实践。权威定义主要包括联合国环境规划署、欧洲联盟、中国国家发展和改革委员会以及中国原国家环境保护总局（现为生态环境部）等提出的定义（见表 4-1）。

表 4-1　绿色转型的权威定义

年份	机构	文件	主要内容
2005 年	中国国家环境保护总局	《国家环境保护总局建设项目环境影响评价文件审批程序规定》	绿色转型是指在经济社会发展中，坚持可持续发展战略，倡导绿色消费，推动产业结构优化，加强环境污染防治，提高生态环境质量，实现人与自然和谐共生
2019 年	欧洲联盟（EU）	《欧洲绿色新政》	绿色转型是指在政策、经济、社会等各个层面，推动可持续发展和环境保护，实现资源高效利用、生态平衡、气候韧性、社会公平的目标

续表

年份	机构	文件	主要内容
2021 年	中共中央、国务院	《关于完整准确全面贯彻新发展理念做好碳达峰碳中和工作的意见》	绿色转型是指在发展过程中，以生态文明建设为引领，加快调整经济结构，推动技术创新，提高资源利用效率，降低能源消耗和污染物排放，构建绿色、低碳、循环、可持续的经济社会发展体系
2022 年	联合国环境规划署（UNEP）	《自然融资状况报告》	绿色转型是指在可持续发展框架下，通过创新、政策调整、市场机制等手段，实现经济、社会和环境的协同进步，降低资源消耗和环境污染，提高生态效益，为人类创造绿色、低碳、健康的生存环境

这 4 个定义都围绕“绿色转型”这一核心概念，强调在不同层面上推动经济、社会和环境的可持续发展。它们之间的联系在于都致力于减少资源消耗、环境污染以及提高生态效益，以实现人与自然和谐共生的目标。区别在于，每个定义都反映了不同组织和地区在特定时期对绿色转型的理解和实践重点。中国的定义更侧重于国内政策和实践，而欧洲联盟和联合国环境规划署的定义则具有更广泛的国际视野和合作精神。此外，随着时间的推移，这些定义也在不断演变，以适应新的全球挑战和发展趋势。

本书认为绿色转型（green transition）是指在经济、社会、政治等领域，从传统的资源消耗和环境污染较大的发展模式，转向以可持续发展、生态环境保护、资源高效利用为核心的发展模式。这一概念强调在发展过程中，减少对环境的负面影响，提高生态环境质量，实现人与自然和谐共生。中国所说的绿色转型涉及的主体主要包括政府、企业、科研机构和教育机构、公众、非政府组织、国际组织和跨国公司、金融机构等，这些主体在绿色转型过程中相互协作，共同推动经济结构的优化升级，实现经济发展与环境保护的双赢。

二、绿色转型的必要性

本节主要从以下多个角度论述绿色转型的必要性及其在实现可持续发展、生态文明建设、绿色发展理念、对抗气候变化、资源高效利用以及促进社会公平与和谐等方面的重要作用。

第一，绿色转型是实现可持续发展的关键途径，体现了可持续发展理论的具体实践。可持续发展理论主张在追求经济增长的同时，关注环境保护、资源节约和社会公平等方面，以实现人类与自然、人与人之间的和谐共生。绿色转型有助于促进经济、社会、环境的协调发展，进而实现可持续发展目标。

第二，绿色转型是生态文明建设的重要组成部分。生态文明建设致力于构建人与自然和谐共生的美丽中国，通过绿色转型调整产业结构、优化资源配置、降低能源消耗和污染物排放，从而提高生态环境质量，推动生态文明建设。

第三，绿色转型是贯彻绿色发展理念的必然要求。绿色发展理念强调在发展过程中将生态环境保护置于突出地位，倡导绿色生产与绿色消费，构建绿色、低碳、循环的经济社会发展体系。绿色转型有助于实现经济发展与环境保护的协同发展，提升绿色发展水平。

第四，绿色转型是对抗气候变化的重要手段。全球气候变化对人类社会的生产与生活带来严峻挑战，绿色转型通过提高能源利用效率、发展可再生能源、减少温室气体排放等方式，降低气候变化风险，推动低碳发展。

第五，绿色转型有助于实现资源高效利用。通过调整产业结构、推动技术创新、优化生产方式，绿色转型可以提高资源利用效率，降低资源消耗，实现资源的可持续利用。

第六，绿色转型有助于促进社会公平与和谐。在绿色转型过程中，注重生态保护、民生改善、社会公平，有助于缩小贫富差距，提高人民生活质量，促进社会和谐稳定。

三、绿色转型研究现状

综合近年文献，绿色转型研究涉及理论探讨、政策与制度、路径与实践等多个方面。学者们从不同角度对绿色转型的内涵、动力、路径、模式、政策与制度等方面进行深入研究，为中国绿色转型提供了理论支持和实践借鉴。绿色转型是一个非常重要的研究领域，很多学者都对这个课题进行了深入研究，综合来看，该选题的发展脉络大体可以划分为以下四个阶段。

（一）第一阶段：2008 年—2011 年

在政府主导与自上而下的推动机制方向，杜创国等人（2010）的研究强调了政府在绿色转型中的核心作用，认为政府行为是推动绿色转型的关键。这种自上而下的动力机制在将绿色转型的制度性规则引入社会时，导致了政府、企业和普通民众之间的博弈，这种博弈在很大程度上影响了绿色转型的过程和结果。

在绿色转型的多维度特征方向，刘纯彬等人（2009b）的研究指出，绿色转型在经济、社会、资源、环境、企业、产业、政府等多个方面与传统经济转型存在显著差异。[①]他们强调了资源型城市绿色转型的特点，如强调绿色经济的实现、产业内劳动力质量的提升、资源的高效利用、生产过程对环境的保护、企业绿色运营制度的构建、资源型产业的绿色改造以及政府角色的转换。

在资源型城市的绿色转型路径方向，刘纯彬等人（2009a）还提出了资源型城市绿色转型的具体路径，包括资源高效利用、生产过程的环境保护、企业绿色创新体系的建立以及政府在转型过程中的角色转

① 张晨. 我国资源型城市绿色转型复合系统研究——山西省太原市实践的启发[D]. 南开大学，2011.

换和绿色监管。

在城市和地区层面的绿色转型研究方向，杨继瑞（2022）从城市和地区的角度出发，探讨了绿色转型在特定城市和资源型城市中的应用和实施，这反映了绿色转型研究开始关注具体实施层面和地方特色。

这些研究的逻辑在于强调绿色转型不仅仅是经济行为，更是一个涉及社会、环境、政策和治理结构的综合过程。研究者们试图通过分析不同层面的互动和影响，来理解绿色转型的复杂性和实施面临的挑战，以及如何通过政策和制度设计促进绿色转型的实现。

（二）第二阶段：2012 年—2015 年

在区域差异与低碳技术方向，曹依蓉（2015）的研究指出，低碳绿色转型指数在空间上存在从东南向西北逐步降低的趋势，这表明不同区域在绿色转型方面存在差异。她强调低碳技术是推动东部地区转型升级的关键因素，而西部地区转型水平落后的原因主要是粗放式增长方式和环境投资不足。此外，她提到外商直接投资（FDI）对绿色低碳转型有积极作用，尤其对东部和华北地区的影响更大。资本存量的增加对西部地区的转型不利，而财政分权则有助于绿色低碳转型。她还提到人力资本投入和环保意识是影响绿色转型的主要因素。

在传统制造业的绿色转型方向，胥朝阳（2015）的研究聚焦于中国传统制造业的绿色转型，他强调技术创新在中国传统制造业绿色转型中的核心作用，并购重组则被视为推进绿色转型的有力工具。[①]胥朝阳的研究为中国传统制造业提供了转型发展的新思路，强调了在全球化和环境变化背景下，制造业必须适应新的发展趋势，通过技术创新和产业重组，实现绿色、低碳、循环的发展模式。

在城市绿色转型方向，陆小成（2024）的研究从城市层面探讨了绿色转型，涉及城市规划、基础设施建设、能源管理等方面，以促进城市的可持续发展。

---

① 胥朝阳. 并购重组：传统制造业绿色转型的推进器[J]. 会计之友，2015（10）：2–5.

这些研究的逻辑在于识别绿色转型在不同领域和层面的实施情况和挑战，以及影响转型成功的关键因素。研究者们试图通过分析不同区域、行业和城市的特点来理解绿色转型的复杂性，并提出相应的政策建议和实施策略。

（三）第三阶段：2016 年—2019 年

在环境规制工具与流通产业环境效率方向，李文超（2019）的研究探讨了政府强制性环境规制工具和市场激励型环境规制工具对流通产业环境效率的影响。他发现强制性环境规制工具与环境效率之间存在 U 型关系，在一定程度的环境规制强度下，环境效率可能会随着规制强度的增加而提高，但超过某个临界点后，环境效率可能会下降。这可能是因为过高的规制强度会增加企业的运营成本，从而对环境效率产生负面影响。市场激励型工具如排污权交易对排污限制效果显著，通过市场机制激励企业减少污染排放，其对环境效率的显著正面影响表明市场激励能够有效地促进环境效率的提升。然而，排污权交易试点的效果未通过显著性检验，这可能意味着在实际操作中，排污权交易可能面临一些挑战，如市场不成熟、交易机制不完善等问题。李文超还强调了技术效率和绿色技术效率在环境效率改善中的作用。技术效率的提升可以通过优化资源配置和提高生产过程的效率来减少环境污染，而绿色技术效率则通过引入更环保的技术来实现环境效率的提升。

在雾霾治理政策与工业绿色转型方向，邓慧慧等人（2024）的研究关注地方政府的雾霾治理政策及其对工业绿色转型发展的影响。他们指出资源错配抑制了雾霾治理的正向效应，并认为市场分割导致的资源错配也是影响雾霾治理效果的重要因素。邓慧慧等人还提出，科学合理的政绩考核有助于强化雾霾治理的正向效果，并建议激励地方政府依靠科技创新来治理环境，以推动工业绿色转型和经济高质量发展。

在工业绿色转型与环境规制方向，邓慧慧等人（2019）的研究从工业绿色转型的角度出发，探讨了环境规制在促进工业绿色转型中的作用。她分析了环境规制如何影响工业生产方式、技术创新和资源利用效率。

在企业绿色转型方向，于连超等人（2023）的研究关注企业如何通过内部管理、技术创新和市场策略来实现绿色转型，以及这些转型行为对企业绩效的影响。

这些研究的逻辑在于分析环境规制工具、政策实施和市场机制如何影响不同层面（如流通产业、工业部门、地方政府和企业）的绿色转型过程。研究者们试图通过实证分析来理解这些因素如何相互作用，以及如何通过优化政策和市场机制来促进绿色转型和可持续发展。

（四）第四阶段：2020 年—2023 年

在补贴政策与物流绿色水平方向，尚文芳等人（2023）的研究探讨了不同补贴政策对物流绿色水平的影响。他们发现技术补贴有助于提高物流的绿色水平，而价格补贴则有利于提升供应链成员的利润。研究还指出，供应链成员的利润受到消费者偏好特征与绿色技术成本之间互动的影响，消费者绿色偏好的增加和绿色技术成本的降低都有利于提高供应链成员的利润。

在绿色税收与资源型企业绿色转型方向，马杰等人（2023）的研究分析了绿色税收如何促进资源型企业的绿色转型。他们发现绿色税收的促进程度受到产权性质、区域经济发展水平和企业规模的影响。研究强调绿色税收通过增加企业利润来加速绿色转型，建议完善绿色税收体系，实施差异化政策引导，以实现可持续发展和生态环保的双赢。

在工业绿色转型方向，钟昌标等人（2023）从工业生产的角度探讨了绿色转型的路径和挑战，以及如何通过技术创新、管理改进等手段实现工业生产的绿色化。

在企业绿色转型方向，肖龙阶等人（2023）的研究集中在企业层面，分析企业如何通过内部变革和外部合作实现绿色转型，以及转型过程中可能遇到的障碍和应对策略。

这些研究的逻辑在于探讨政策工具（如补贴政策和绿色税收）如何影响特定行业（如物流和资源型企业）和经济活动（如工业生产和企业发展）的绿色转型。研究者们试图通过实证研究和理论分析，提出促进绿色转型的有效策略，并为政策制定提供科学依据。

第二节　绿色金融对绿色转型的影响研究

一、绿色金融可以促进经济绿色转型

绿色金融作为绿色转型的关键推动力之一，对绿色产业和项目的发展起到了关键性的支持作用。绿色金融是一种金融活动方式，它将环保、低碳、可持续发展等因素纳入考虑，以满足绿色产业和项目的资金需求。通过这种方式，绿色金融为绿色转型提供了资金支持，推动了绿色产业和项目的实施，促进了绿色经济的发展。

绿色金融和绿色转型之间的互动关系是相互促进、共同发展的。绿色金融为绿色转型提供资金支持，而绿色转型的成功发展又为绿色金融创造更多的机会。这种良性互动有助于推动经济、社会和环境的可持续发展，实现绿色、低碳、和谐的发展模式。

有多位学者对于二者关系进行了理论和实证分析。孟禹、郭凯、张莹莹（2023）使用系统高斯混合模型（GMM）和 2006 年至 2020 年 30 个省份的面板数据进行实证分析，发现绿色金融可以显著降低国内生产总值（GDP）碳排放强度，从而助力经济低碳转型。同时，绿色金融通过能源结构和绿色全要素生产率的调节机制，可以同时促进经济低碳转型。郭希宇（2022）基于中国省级行政区的面板数据，建立了空间联立方程模型，研究发现绿色金融与低碳经济之间存在显著的交互影响，即绿色金融的发展能够有效推进本地区低碳经济转型，反

之亦然。同时，绿色金融与低碳经济之间存在显著的空间溢出效应。刘丰和苏群（2023）探讨了转型金融作为绿色金融的延伸和扩展，专门为碳密集行业的低碳转型提供金融服务。他们提出发展转型金融需要明确碳密集行业的低碳转型路径，并有效界定转型活动。同时，建议建立有公信力的转型金融框架，包括对转型活动的界定标准、转型路径、转型目标及制定依据等。

这些研究共同表明，绿色金融通过提供资金支持、引导企业绿色化转型、优化资本配置、促进技术创新等方式，与低碳经济形成正向的交互作用，共同推动经济向低碳方向发展。同时，研究也指出在不同地区和不同行业背景下，绿色金融政策和措施需要因地制宜，以实现更有效的环境和经济双重效益。综上所述，这些文献中的作者普遍认为绿色金融可以通过提供资金支持、引导企业绿色化转型、优化资本配置、促进技术创新等方式，与低碳经济形成正向的交互作用，共同推动经济向低碳方向转型。

二、绿色金融影响经济绿色转型的机制和途径

郭希宇（2022）基于中国 30 个省区市 2001—2018 年的经济数据，运用空间杜宾模型、空间联立方程模型分析了绿色金融与低碳经济的交互影响以及空间溢出效应，并运用面板分位数模型和面板门槛模型分别刻画了绿色金融促进低碳经济转型的条件性特征和阶段性特征。绿色金融通过以下机制和路径促进低碳经济转型。

绿色金融政策通过提供丰富的金融工具满足低碳产业的资金需求，为低碳产业的发展和绿色项目的建设提供长期稳定的资金支持。金融机构通过筛选企业经营领域和生产形式，将金融政策倾斜于低碳型企业，优化资本配置，引导资金流向低碳产业，激励企业开发环保生产新技术，实现生产低碳化。绿色金融政策要求企业披露低碳发展信息，约束企业的碳排放行为，促使企业实现碳减排。金融机构对企业资金流向进行追踪检测，规范企业经营行为，监督企业将资金用于

低碳生产。绿色金融通过风险分散功能，为低碳生产技术的探索与创新提供资金支持，如绿色信贷、绿色保险以及碳金融等政策，为企业分散低碳技术发展风险。

中国在支持绿色产业发展方面采取了全面而深入的实践路径，旨在应对全球气候变化挑战并推动经济的绿色转型。在战略层面，中国紧跟国际绿色产业发展趋势，与全球主要经济体同步制定并实施绿色发展战略。《中华人民共和国国民经济和社会发展第十四个五年规划和2035年远景目标纲要》明确了绿色发展的战略方向，强调生态文明建设，推动经济社会发展全面绿色转型。

在绿色产业的识别与支持方面，中国注重标准化、指标化和精准化，通过发布《绿色产业指导目录》和《绿色债券支持项目目录》，确保绿色产业得到准确识别和有效支持。同时，中国积极推动绿色识别标准的国际化，与欧盟等地区探讨制定共同的绿色金融分类标准，以引导跨境绿色资金流动。

在国家层面的绿色产业政策方面，如国务院《关于加快建立健全绿色低碳循环发展经济体系的指导意见》和《2030年前碳达峰行动方案》，明确了优化能源结构、推动产业升级、发展循环经济等目标。在可再生能源发展方面，中国设定了明确的目标和时间进度，同时为高耗能行业制定了退出时间表，以促进能源结构的优化和绿色低碳发展。

在金融工具和产品方面，中国通过绿色信贷、绿色债券、绿色股票指数、绿色发展基金、绿色保险和碳金融等多种方式，全方位支持绿色产业发展。绿色贷款和绿色债券市场持续扩大，碳中和债券和环境权益融资工具等创新金融产品不断涌现，地方层面的绿色金融创新如湖南省的绿色信贷产品和浙江省的绿色农业保险，有效解决了绿色产业发展中的融资难题。

在财政税收政策方面，中国通过设立专项资金、提供财政补贴、财政贴息和税收优惠等措施，形成了有效的正向激励机制。这些政策不仅直接支持了绿色金融发展，还吸引了民间资本投入节能减排、生态保护、可再生能源等领域，促进了绿色金融体系的建设和绿色产业的快速发展。PPP 模式在污染防治与绿色低碳领域的应用，进一步推动了社会资本参与绿色低碳项目的投资、建设和运营。

总体来看，中国在绿色金融领域的实践路径体现了国家战略的明确导向、政策体系的系统构建、金融工具的创新应用以及财政税收政策的有力支持。这些措施共同推动了绿色产业的发展，为实现碳达峰和碳中和目标奠定了坚实基础，同时也为全球绿色发展贡献了中国智慧和中国方案。

三、绿色信贷对于行业低碳转型的影响

学者们通过不同的方法和数据，研究了绿色信贷对经济绿色转型的影响。胡荣才和廖彰舜采用面板数据模型，选取 2008 年至 2020 年中国 30 个省区市为研究样本。他们的研究结果表明，绿色信贷不仅能够促进发电行业的低碳转型，而且这种转型在经济发达地区更为显著。这可能是因为这些地区拥有更成熟的市场机制、更完善的基础设施和更高的技术创新能力，从而更容易吸收和利用绿色信贷资金来推动绿色发展。研究还发现绿色信贷通过激发绿色发电潜能、促进生产技术进步和产出结构绿色化三个主要机制来推动低碳转型。这些机制强调了绿色信贷在激励技术创新和产业升级方面的作用，特别是在鼓励自主技术创新方面，这对于减少对外部技术的依赖和提高本土产业的竞争力至关重要。[①]

董宁（2022）则提出信贷支持高碳行业绿色低碳转型的机制框架，并对存在的问题提出政策建议，强调在国家层面建立具有公信力的、支持绿色低碳转型活动的信贷框架的重要性，提出金融机构需要从技术层面对企业绿色低碳转型的路径、降碳情况和效益前景进行研判，

① 胡荣才，廖彰舜. 绿色信贷对发电行业低碳转型的影响研究[J]. 工业技术经济，2023，42（01）：79-89.

从而辅助决策。他还指出金融机构在对高碳行业审慎介入、限额管理的同时，会有选择地将资源向优质龙头企业倾斜，中小企业获贷难度可能进一步加大。

这些研究共同表明，绿色信贷通过提供资金支持、引导企业投资低碳技术、优化资本配置、促进技术创新等方式，对经济绿色转型产生了积极影响。同时，绿色信贷对不同地区和行业的影响存在差异，需要根据具体情况制定差异化的信贷政策。

四、碳金融对于经济绿色转型的影响

刘琢玮和王曙光（2023）构建了一个企业转型与银行贷款的决策模型，考虑碳市场和碳金融对于钢铁行业绿色转型的促进作用。他们的研究结果表明，以碳排放权质押贷款为代表的碳金融可以促进企业低碳转型，实现企业与银行的帕累托改进；碳市场中碳价的剧烈波动会阻碍碳金融的发展。周朝波等人（2020）基于双重差分模型，利用2008年至2016年间中国30个省区市的数据研究碳交易试点政策对中国低碳经济转型的影响。碳交易试点政策促进了中国低碳经济发展，西部地区的低碳经济转型效果好于东部和中部地区，原因是碳交易试点政策诱发了西部地区的低碳技术创新，带来了创新补偿效应。柳亚琴、孙薇和朱治（2022）双利用2000年至2018年中国30个省区市的面板数据构建了能源消费结构低碳化指数，使用了多期双重差分、三重差分等方法。他们的研究结果表明，碳交易政策显著提升了地区能源消费结构低碳化水平，作用效果逐年增强；政策实施加快了能源消费结构低碳转型，影响明显高于GDP增速较快地区。张修凡（2021）利用2013至2019年中国8个试点市场的面板数据，基于低碳技术创新的双重中介效应分析。研究结果表明，碳市场流动性通过技术创新间接促进区域经济转型的中介效应显著；碳市场可以同时通过突破式创新与渐进式创新促进区域技术创新。

这些研究共同表明，碳金融通过提供资金支持、引导企业投资低

碳技术、优化资本配置、促进技术创新等方式，对经济绿色转型产生积极影响。同时，碳金融市场的流动性、碳价的稳定性以及政策支持，对于碳金融发挥其促进作用至关重要。

本章小结

本章探讨了绿色转型的概念、必要性以及绿色金融在推动绿色转型中的作用。绿色转型是实现可持续发展的关键途径，涉及经济、社会、环境的全面协调发展。绿色金融通过提供资金支持、引导投资、促进技术创新等方式，对绿色转型产生了积极影响。研究表明，绿色金融能够有效降低碳排放强度，推动经济向低碳方向发展。绿色信贷和碳金融等金融工具在支持行业低碳转型、促进技术创新和资源高效利用方面发挥了重要作用。中国在绿色金融领域的实践，如绿色信贷、绿色债券、绿色基金等，为绿色转型提供了有力支持，同时也为全球绿色发展贡献了中国智慧和中国方案。

第二篇　绿色金融与绿色转型实务案例

第五章　绿色金融与电力行业绿色转型案例分析

根据中国能源研究会理事长史玉波的意见，中国能源碳排放占碳排放总量的 80.00%左右，能源的发展在“双碳”目标中占有最高的比重。实现碳达峰和碳中和目标的核心是推动能源绿色转型，本质和措施是控制和缩减化石能源的消费，增加可再生能源发展比例，提升社会的整体能效水平。能源绿色低碳转型的成功与否，关系到“双碳”目标的大局。

根据中国工程院院士、中国电机工程学会理事长舒印彪提供的数据，中国是世界最大的能源生产国和消费国，2023 年一次能源消费总量已达到 55.90 亿吨标煤，占全球能源消费总量的 1/4；二氧化碳排放达 123.70 亿吨当量。电力行业是能源消费的主要领域，其绿色低碳转型对于整体能源行业的转型至关重要。

中国能源行业在低碳转型方面取得了积极进展，2023 年非化石能源消费比重提高，可再生能源发电装机容量占比超过总装机的一半，电力行业降碳减污协同推进，供电能耗和碳排放强度持续下降。尽管取得了显著成效，但能源绿色低碳转型的道路仍然漫长。中国作为世界最大的能源生产和消费国，需要进一步发挥绿色金融的保障作用，包括加强绿色金融支持，加大科技创新投入，积极发展转型金融，降低绿色融资成本和完善电碳市场机制。

在 2024 年中国能源研究会的学术年会上，与会专家们提出了一系列建议，包括建立科学的电价形成机制、适应新能源特性的市场机制、反映新能源绿色价值的政策机制、电力安全保供的保障机制，以及利用绿色金融服务支撑能源转型发展。同时，央企在推动能金合作、共生共荣方面应坚守产业金融定位，加快 ESG 体系建设，并守牢金融风险底线。①

第一节　电力行业应用绿色信贷绿色转型案例

一、华夏银行京津冀大气污染防治融资创新项目②

【摘要】华夏银行京津冀大气污染防治融资创新项目是响应中国绿色发展战略的金融举措，旨在解决京津冀及周边地区严重的大气污染问题。该项目由世界银行提供 4.60 亿欧元贷款，华夏银行配套等额人民币资金，总规模达 9.20 亿欧元，期限 20 年。项目专注于支持能效提升、可再生能源利用和烟气治理项目，已成功投放 28 个子项目，节约标煤 116 万吨，减少 CO_2 排放 256 万吨。项目采用结果导向型贷款（P4R）模式，通过 6 个关键指标评估成效，推动了绿色金融体系和能力建设，提升了绿色金融在国际舞台上的影响力。项目不仅在环境治理上取得显著成效，还促进了绿色产业和技术创新发展，同时为社会经济带来积极影响，包括创造就业、提升居民收入和提高居民生活质量。

（一）案例背景

绿色发展是中国新时期国家发展的战略目标与方向，而京津冀地区是中国大气污染最严重、二氧化碳排放强度最高、资源环境与发展矛盾最为尖锐的地区。2013 年以来，国务院以及相部门陆续发布了《大气污染防治行动计划》《京津冀及周边地区落实大气污染防治行动计划

① 叶伟. 科技金融力挺能源行业向“新”向“绿”[N]. 中国高新技术产业导报，2024-01-29（12）.

② 京津冀大气污染防治融资创新项目启动[J]. 印刷质量与标准化，2016（08）：2.

实施细则》及《打赢蓝天保卫战三年行动计划》等政策，着力推动解决京津冀及周边地区大气污染问题。为支持上述政策落地，2016年，华夏银行京津冀大气污染防治融资创新项目设立，该项目由国家发展和改革委员会报国务院批准，华夏银行与世界银行合作的政策性国际金融组织转贷款项目，按照华夏银行信贷审批条件和与世界银行约定的转贷要求，为可再生能源、大气污染防控领域项目提供项目融资支持。

（二）项目概括

该项目是中间金融机构转贷款项目，世界银行通过中国财政部将4.60亿欧元转贷给华夏银行，华夏银行配套不少于4.60亿欧元的等额人民币资金，该项目总贷款规模不少于等值9.20亿欧元。项目期限20年（2016年—2036年）。项目向京津冀及周边地区、汾渭平原地区（包含京、津、冀、晋、鲁、蒙、豫、陕8省区市）符合条件的目标企业发放子项目贷款。投放领域包括能源利用效率提升的节能改造项目，风电、光伏、生物质能发电及地源、水源热泵在内的可再生能源利用项目，以及以脱硫脱硝为目的烟气治理项目。

（三）实践效果

截至2020年底，该项目共投放28个子项目，本外币合计投放折合人民币46.33亿元。这些项目每年可节约标准煤116万吨，减少CO_2 256 万吨。该项目支持了山西漳电国电王坪发电有限公司供热改造项目、济南热电有限公司燃煤锅炉淘汰与超低排放改造工程项目等10个节能项目；可再生能源领域投放资金31.30亿元，支持了宏润（黄骅）新能源有限公司100MW风电场项目、尚义元辰新能源开发有限公司100MW 光伏发电项目、菏泽鲁华华成生物电力有限公司生物质热电联产项目等15个清洁能源项目；污染防控领域投放资金3.20亿元，支持了青援食品有限公司燃煤脱硫脱硝环保治理项目和邯钢集团邯宝钢铁有限公司烧结机脱硫脱硝升级改造工程。目前项目各项指标进度均快于预期，预计总规模将达到100亿元。

该项目各项结果指标均超计划完成，2019 年 5 月顺利通过世界银行中期评审，取得“满意”评价。该项目为京津冀大气质量提高做出了贡献，得到了世界银行和中国有关部委的高度赞扬，也得到北京市政府高度关注。

（四）小结

华夏银行京津冀大气污染防治融资创新项目是响应国家京津冀协同发展战略和绿色发展理念的重要举措，专注于从源头治理大气污染，重点投资于能效提升和可再生能源领域，同时兼顾末端治理。该项目创新性地建立了结果指标评价体系，采用结果导向型贷款模式，通过 6 个关键指标衡量项目成效，包括融资总额、节煤量、污染物减排量、绿色金融机构建设、新产品应用和服务公司支持等。这种模式改变了传统贷款项目的审批流程，确保了项目目标的实现，实现了经济效益与社会效益的双重提升。

该项目引入世界银行的 P4R 管理工具，将资金支付与环境效益直接关联，确保了项目在经济效益和环境效益上的平衡。这一创新在中国境内尚属首次，特别关注排放强度大的区域和行业，如山东、山西、内蒙古等能源大省。该项目不仅注重子项目的财务能力，更重视节能减排效果，确保资金有效投入。

此外，该项目推动了华夏银行绿色金融体系的建设和能力提升。华夏银行成立了绿色金融中心，建立了工作机制、考核机制和培训机制，开发了光伏贷等特色产品，并在项目审批中融入环保考量，对环保效益高的项目给予更多支持。通过组织专业培训，提升了客户经理在绿色金融领域的专业性，为绿色金融的发展目标提供了坚实的支持。

（五）主要贡献

1. 行业贡献

华夏银行京津冀大气污染防治融资创新项目在多个领域产生了显著影响。首先，该项目通过支持子项目，预计每年可节约标煤 116 万吨，大幅减少 CO_2、SO_2 和 NOX 的排放，显著贡献于大气污染治理。其次，作为国内首个采用世界银行结果导向型贷款模式的项目，它为金融行业引入了绿色金融管理新理念，提升了中国在国际绿色金融领域的话语权。此外，该项目通过利率与环境效益挂钩，激励企业关注社会和环境效益，促进了绿色产业如节能环保和清洁能源的发展。技术创新方面，该项目推动了节能环保、新能源领域的科技进步，助力企业转型升级。最后，该项目通过第三方机构的参与，不仅确保了结果的科学公正，也促进了绿色咨询服务业的发展，增强了行业能力。

2. 营利性贡献

华夏银行通过京津冀大气污染防治融资创新项目，实现了绿色金融的营利性与社会责任的双重目标。银行坚持市场化原则，根据项目的环境和社会效益进行差异化定价，确保在获取世行低成本资金的同时，为客户提供低于市场利率的贷款，促进绿色项目的快速发展。该项目支持的绿色项目客户信用度高，承担社会责任意愿强，3 年来贷款均保持良好状态，资产质量优于平均水平。华夏银行还成立了绿色金融中心，建立了完善的工作、考核和培训机制，形成了绿色金融特色产品体系，构建了绿色金融品牌和竞争优势。同时，该项目通过提供低成本、长期限的贷款，有效降低了能效、可再生能源和污染防控项目的融资成本，增强了客户的营利能力。

3. 社会贡献

华夏银行京津冀大气污染防治融资创新项目不仅在环境治理上取得显著成效，还在社会经济层面产生了积极影响。该项目通过支持节能改造、可再生能源利用和烟气治理等高技术含量项目，创造了大量就业机会，提升了相关经济主体和从业人员的收入水平。同时，该项目通过提供低成本、长期限的资金支持，促进了能效和可再生能源行业的发展，为行业注入新动力。在提高人民生活水平方面，该项目中的如光伏项目通过农光互补、渔光互补模式增加了土地产出，直接提高了当地居民的收入。此外，该项目通过提高大气环境质量，尤其对儿童和老年人等弱势群体的健康产生了积极影响，并有望降低电力成本，提高贫困人口的生活条件。在全球层面，该项目通过减少温室气体排放，为应对气候变化贡献力量。

二、衢州“金屋顶”光伏富民工程[①]

【摘要】在《国务院关于促进光伏产业健康发展的若干意见》《浙江省人民政府关于进一步加快光伏应用促进产业健康发展的实施意见》等文件引领下，衢州市实施了“金屋顶”光伏富民工程。这个项目在龙游县詹家镇芝溪家园得到了广泛推广，家庭屋顶光伏安装率达到了 90.00%以上。项目由浙江正泰新能源开发有限公司负责，得到了当地政府的支持，整合了民政、交通等项目资源，并与浙江农村商业联合银行合作推进。衢州市在推广家庭屋顶光伏工程方面采取市级统筹、县级主体、农民自愿的方式，并吸引了包括中国民生投资集团、正泰集团、航天机电、杭开集团等在内的一批大企业参与。截至 2016 年，衢州市已建成并网的光伏发电项目装机规模位居全省前列，并且计划在“十三五”时期进一步扩大家庭屋顶光伏的安装规模，预计每年可为本地区农民增加 1 亿元以上的收入。本案例的亮点在于政府助力协同合作、项目收益好、银行风险可控的推广可行性，创新助农扶贫新模式。

（一）案例背景

为贯彻落实《国务院关于促进光伏产业健康发展的若干意见》（国发〔2013〕24 号）要求，进一步加快光伏应用，促进产业健康发展；大力推动分布式太阳能光伏发电，倡导绿色生活、绿色消费理念，根据《浙江省人民政府关于进一步加快光伏应用促进产业健康发展的实施意见》（浙政发〔2013〕49 号）、《浙江省人民政府办公厅关于印发浙江省创建国家清洁能源示范省行动计划（2016—2017 年）的通知》（浙

---

① 浙江衢州：移民新村迎来“光伏红利”[EB/OL]，（2021-11-05）[2024-02-16]. https://www.chinanews.com/cj/2021/11-15/9609631.shtml.

政办发〔2015〕136号）等文件精神，衢州市实施了“金屋顶”光伏富民工程，在加快可再生能源发展的同时，探索光伏扶贫、光伏养老、光伏扶残新模式，实现绿色效益和民生发展共赢。

2016年以来，浙江农村商业联合银行与当地农业办公室、发展和改革委员会为了解太阳能光伏发电项目推进计划及相关措施，积极与太阳能光伏设备销售、安装公司合作，秉承诚信合作、互惠互利、风险可控、可持续发展的原则，试点开发“金屋顶”光伏富民工程贷款。全辖6家行社分别制定光伏贷款管理办法，同时创新产品模式，如柯城、衢江“金屋顶光伏贷”，龙游的“幸福金顶”，江山的“光伏养老贷款”，常山的“好邻居光伏贷”，开化的“阳光相伴”专项光伏信贷产品，对辖内安装分布式屋顶光伏电站的自然人和企业人给予信贷支持。

（二）项目概括

为了支持农户发展分布式屋顶光伏电站，银行推出了一项创新的信用放款服务，该服务简化了贷款流程，免除了传统贷款所需的担保和抵押，此举特别有利于收入水平较低的农户，显著提高了他们的贷款成功率。农户可以申请全额贷款，覆盖从购买发电设备到安装的所有费用。在提交完整资料后，银行提供快速审批通道，确保农户在一天内就能获得贷款资金，并且银行还提供上门服务，进一步便利了农户。贷款期限长达20年，还款方式灵活多样，可以根据农户的实际情况选择按月结息或分期还款，个人农户的最高贷款额度为15万元，法人客户则为500万元，具体额度根据借款人的收入情况来定。为了进一步减轻农户负担，银行提供了利率优惠，10年期以内的贷款利率固定为6.00%，超过10年的为6.50%。此外，为了分散风险，银行将发电效益作为主要还款来源，并要求光伏设备销售和安装公司提供担保或缴纳一定比例的保证金，同时为设备投保，确保银行作为第一受益人，从而保障了贷款的安全性。这些措施共同构成了一个全面支持农户发展绿色能源的金融方案。

（三）实践效果

1. 经济效益

该项目有力助力国家供给侧结构性改革以及加快光伏产业健康发展。2016年，该项目完成2万户农村屋顶光伏建设，实现投资7.20亿元。至2017年4月末，辖内行社与22家太阳能光伏发电设备销售、安装企业签订了合作协议，通过企业担保和企业提供风险保证金两种方式开展合作，有力地支持了太阳能光伏发电产业的推进，共计安装户数7,263户，实现50.00%以上并网。

2. 社会效益

“金屋顶”光伏项目作为推动区域环境提升和美丽家园建设的重要举措，通过统一规范的建设标准，结合当地美丽乡村建设，确保了项目的生态友好性和景观协调性。项目遵循严格的选址原则，避免对基本农田、饮用水源、生态公益林和高级别景区的影响，采用先进技术和材料，实现电网统一接入，打造示范工程，显著提升城乡景观。江山市的光伏特色小镇（光谷小镇）便是这一理念的实践，以光伏产业为核心，融合环保文化，推动生态农业、绿色经济和现代服务业发展，实现光伏的广泛应用和共享。

同时，“金屋顶”光伏项目也是农户增收致富的有效途径。分布式光伏发电项目采用租赁和分期付款的商业模式，推广“自发自用，余电上网”和“全额上网”两种发电模式，确保农户能够从光伏发电中获得稳定收益。浙江省在国家补贴基础上额外提供0.10元/千瓦时的补贴，使得“十三五”期间衢州“金屋顶”光伏富民工程总投资超过60亿元，预计每年为受益农户增加4,000元毛收入，村集体年均增加6万元毛收入，有效助力低收入人群迈向小康社会。

（四）小结

1. 推广可行性分析

“金屋顶”光伏富民工程在省市区三级政府的大力支持下，由衢州市政府领导亲自挂帅，市发展和改革委员会制定考核办法，确保项目顺利推进。衢州市在“十三五”期间投资超过60亿元，建设新能源综合小镇，推动装备制造、系统集成应用和服务业企业发展，完成16万户农村屋顶光伏建设，总装机74万千瓦。

项目采用“家庭光伏电站”模式，将光伏系统安装在屋顶，装机容量3kW至10kW，投资成本2万至8万元。在当前补贴政策下，5至8年可回收成本，使用期限25年，年收益超10.00%，银行贷款期限合理设计可覆盖6.00%左右的本息。为控制风险，银行要求光伏公司或第三方担保公司提供保证函和保证金，确保贷款安全。例如，衢江农商银行要求杭开光伏开立保证金账户，保证金比例为贷款额的5.00%，多余部分可退还，不良贷款由光伏公司全额偿还。这些措施有效降低了银行信贷风险，保障了光伏产业的健康发展。

2. 创新亮点：创新助农扶贫新模式

在“金屋顶”光伏富民工程工作中，各地优先选择低收入农户、经济薄弱村和残疾人户试点。具体到单个“金屋顶”项目，采用财政补助折股、农户自筹购股、企业入股等方式，农户可自主选择。银行发放贷款时，向低收入农户倾斜，允许全额贷款（包括发电设备和安装使用），提高低收入农户申贷获得率。低收入农户可根据自身实力参与“金屋顶”光伏计少量投入甚至零投入、无门槛得到银行信贷资金支持，获得长期、稳定的收益来源。

三、中广核全国首笔可再生能源补贴确权贷款

【摘要】本案例聚焦2021年7月在湖北省孝感市的全国首笔可再生能源补贴确权贷款的发放。该贷款品种是基于清洁能源发电企业纳入国家财政及相关部门审核公布的电价补贴清单的条件，按照已确权应收未收的财政补贴资金额度来确定贷款额度。中国农业银行湖北孝感分行向中广核湖北大悟风力发电有限公司提供了6,300万元人民币的授信，并发放了950万元的可再生能源补贴确权贷款。这一创新金融产品旨在支持风电和光伏发电等可再生能源行业的发展，缓解企业

因补贴资金滞后带来的资金压力，促进绿色高质量发展。

（一）案例背景

随着全球气候变化和环境问题的日益严峻，可再生能源的开发利用成为全球共识。中国政府积极推动能源结构转型，提出碳达峰、碳中和目标，鼓励和支持可再生能源产业的发展。然而，可再生能源项目在发展过程中面临资金短缺、补贴发放滞后等问题，这些问题制约了行业的健康发展。为了解决这些问题，2021 年 2 月 24 日，国家发展和改革委员会发布《关于引导加大金融支持力度 促进风电和光伏发电等行业健康有序发展的通知》，鼓励金融机构创新补贴确权贷款模式，缓解企业资金困难，加大对可再生能源企业的金融支持力度。在这样的背景下，中国农业银行湖北孝感分行创新推出了可再生能源补贴确权贷款产品，以支持大别山革命老区的绿色发展。

绿色信贷是中国起步最早、发展最快和政策体系最为成熟的绿色金融子市场，在风电行业内绿色信贷也是企业融资的主要来源。中国风电行业绿色信贷种类按照资金提供主体可以分为商业性银行贷款[包括补贴确权贷款、国家核证自愿减排量（CCER）质押贷款]、政策性银行贷款、企业集团财务公司贷款、国际金融机构贷款、中国人民银行碳减排支持工具。

补贴确权贷款是针对可再生能源发电项目补贴缺口大、拖欠时间长的问题，为了让符合条件的可再生能源发电企业盘活应收账款流动性而推出的一种贷款模式，贷款条件是可再生能源发电项目要纳入国家财政及相关部门审核公布的电价补贴清单，贷款额度由已确权应收未收的财政补贴资金额度确定。

（二）项目概括

（1）融资规模。中国农业银行湖北孝感分行向中广核湖北大悟风力发电有限公司提供了 6,300 万元人民币的授信额度，并实际发放了 950 万元的可再生能源补贴确权贷款。

（2）价格。具体的贷款利率未在资料中明确，但根据政策导向，此类绿色金融产品通常会提供较为优惠的利率，以降低企业的融资成本。

（3）用途。这笔贷款主要用于支持中广核湖北大悟风力发电有限公司在大悟县建设的风电项目，特别是五岳山一期、二期项目以及舒家山项目。这些项目的成功并网运行，有助于提升当地可再生能源的利用效率，推动绿色能源产业的发展。

（4）贷款流程。首先，需要根据国家财政部门公布的电价补贴清单、风电企业与电网公司签订的购售电合同以及电网公司确认的电量补贴统计表，来计算和核实风电企业应收但尚未收到的财政补贴资金。其次，以这些已确权的应收未收财政补贴资金为基础，按照不超过80.00%的质押率来确定风电企业可以申请的贷款额度。风电企业需要与银行签订一份承诺函，明确补贴款的回款路径，并承诺在贷款期限内收到补贴款后及时归还贷款。如果贷款期限内未能收到补贴款，企业则需要使用其他综合收入作为还款来源。最后，将借款人（风电企业）和质权人（银行）的信息，以及已确权的应收未收财政补贴资金额度等具体信息，通过中国人民银行的“动产融资统一登记公示系统”进行登记和公示，以确保交易的透明性和合法性。[①]

（三）实践效果

这种模式为风电企业提供了一种基于未来补贴收入的融资方式，有助于解决企业在补贴资金尚未到位时的资金周转问题。同时，通过质押和信息公示，银行也能降低贷款风险。中广核湖北大悟风力发电有限公司获得了必要的资金支持，缓解了因补贴资金滞后带来的资金压力，确保了风电项目的顺利进行。在融资成本方面，国家相关部门研究以企业备案的贷款合同等材料为依据，向企业核发相应规模的绿色电力证书，企业可以通过指标交易市场进行买卖，收益大于利息支出的部分可作为企业的合理收益留存，从而降低企业的利息成本。此

① 唐柳雯. 应收账款“活了” 绿色企业“稳了”[N]. 南方日报，2021-08-18（3）.

外，企业可以通过补贴确权贷款调整自身的融资结构，减少对传统融资方式的依赖，降低整体融资成本。

（四）小结

补贴确权贷款是一种新的融资模式，它将企业的应收未收财政补贴资金作为贷款的质押，为可再生能源企业提供了一种新的融资途径。该贷款模式结合了国家政策支持和市场机制，既体现了政府对可再生能源行业的扶持，又利用市场机制来降低风险和成本。作为全国首笔，该贷款的成功发放为其他金融机构和企业提供了可借鉴的经验，具备一定示范效益，有助于推动更多类似金融产品的创新和应用。

中国农业银行湖北孝感分行发放的全国首笔可再生能源补贴确权贷款，是金融创新支持绿色发展的重要实践。这一举措不仅为可再生能源企业提供了资金支持，缓解了补贴滞后带来的压力，而且推动了绿色能源产业的发展，响应了国家绿色发展战略。随后，各地此类贷款逐渐落地。例如，2021 年 8 月中国银行广东分行向广东华电前山风力发电有限公司发放 759 万元补贴确权贷款，这是广东省内首笔、也是中国银行系统内首笔风电行业补贴确权贷款。

第二节　电力行业应用其他绿色金融产品绿色转型案例

一、龙源电力发行 2022 年度第一期绿色中期票据案例[①]

【摘要】龙源电力于 2022 年 5 月 11 日成功发行了 2022 年度第一期绿色中期票据，期限为 3 年，票面利率为 2.65%，发行规模达 15 亿元人民币。该债券的发行旨在支持清洁能源项目，具体用于偿还 2017

① 龙源电力集团股份有限公司 2022 年度第一期绿色中期票据发行情况公告 [EB/OL].（2022-05-11）[2024-02-16]. https://www.chinamoney.com.cn/chinese/.

年发行的绿色公司债券，该债券资金主要用于风电项目的投资建设及前期融资偿还。

（一）案例背景

龙源电力是中国最大的风力发电企业，主要从事风力发电等新能源的开发、投资、建设、经营和管理。公司成立于1993年，经过多年的发展，已经成为全球最大的风电运营商之一。龙源电力在全国各地拥有多个风电场，并在加拿大和南非等国家也有风电项目。截至2021年末，龙源电力的控股装机容量达到2,669.90万千瓦，其中风电控股装机容量为2,366.80万千瓦，占总装机容量的88.64%。公司在风电领域的技术实力不断增强，已建成风电运营技术研究所及海洋能地热研究所，风电和新能源技术的试验研究条件得到显著改善。龙源电力在发展过程中，积极响应国家政策，推动绿色能源和可持续发展。公司通过发行绿色债券等方式筹集资金，用于支持清洁能源项目，如风电场建设和运营。2022年度第一期绿色中期票据的发行，就是公司为偿还绿色项目债务而进行的融资活动，体现了公司在绿色金融领域的积极实践。

（二）项目概括

根据中国货币网公布的信息，该债券发行信息如表5-1所示。

表5-1　22龙源电力GN001发行信息

项目	数据
债券简称	22龙源电力GN001
债券代码	132280047
债券类型	绿色债务融资工具
发行人	龙源电力集团股份有限公司
债券发行日	2022-05-11
到期兑付日	2025-05-12
债券期限	3年
面值（元）	100.00
发行价格（元）	100.00

续表

项目	数据
计划发行量（亿）	15
实际发行量（亿）	15
息票类型	附息式固定利率
付息频率	年
债券起息日	2022-05-12
基准利差（%）	—
票面利率（%）	2.65
资金用途	全部用于偿还“G17 龙源 1”绿色公司债券，该债券资金原计划用于风电项目的投资建设及前期融资

（三）实践效果

募集资金已全部用于福建莆田南日岛海上风电场一期和云南曲靖株木山风电场项目建设。其中福建莆田南日岛海上风电场一期项目使用募集资金 100,000 万元，已投产，风场容量 82.25 万千瓦，运营期 20 年，资本金已全额到位。每年可替代标煤 45 万吨，减少温室气体排放 117 万吨，减少灰渣 16.90 万吨，减少用水 439 万立方米。云南曲靖株木山风电场项目使用募集资金 50,000 万元，项目已投产，风场容量 13.74 万千瓦，运营期 15 年，资本金已全额到位。每年可节约标煤 12.66 万吨，减少多种有害物质排放，节约水资源约 67.88 万吨。

两个项目合计每年可节约标煤 57.66 万吨，减少温室气体排放 156.40 万吨，节约水资源约 67.88 万吨，减少灰渣 16.90 万吨，减少多种有害物质排放。

（四）小结

龙源电力作为全球最大的风电运营商之一，其在绿色能源领域的投资和运营对整个行业的可持续发展具有示范效应。通过发行绿色中期票据，公司不仅推动了自身的绿色转型，也为整个电力行业提供了绿色发展的经验，促进了行业向低碳、环保方向的转型。通过募集资金支持的风电项目，龙源电力有助于减少对化石燃料的依赖，降低温室气体排放，提高环境质量，这对于应对全球气候变化具有重要意义。项目的实施还有助于推动相关技术的进步和产业链的发展，如风电设备制造、安装和维护等，从而带动整个新能源行业的增长。

本次绿色中期票据的发行不仅是对公司现有绿色项目的再融资，也是对绿色债券市场的创新尝试。通过这种方式，龙源电力能够优化债务结构，降低融资成本，同时支持绿色能源项目的发展，体现了金融创新与环境保护相结合的理念。

龙源电力通过发行绿色中期票据筹集资金，偿还绿色能源项目债务，这一模式为其他企业提供了一种可行的绿色融资路径，有助于推广绿色金融实践，鼓励更多企业参与可持续发展的投融资活动。随着全球对绿色发展和可持续发展的重视日益加深，预计未来将有更多企业效仿龙源电力的做法，通过绿色金融手段推动清洁能源和环保项目的发展，共同应对气候变化挑战，实现绿色、低碳、可持续的未来。

二、深圳能源集团绿色债券

【摘要】深圳能源集团在 2019 年 2 月成功发行了全国首单绿色企业债券（债券通），发行方式为通过承销团成员向境内外机构投资者公开发行，以及通过深圳证券交易所市场向境内外合格投资者公开发行。该债券发行量为 16.50 亿元，其中 2 亿元用于桂林市山口生活垃圾焚烧发电工程项目，3.50 亿元用于潮州市区环保发电厂项目，11 亿元用于补充营运资金。这是在深港债券市场互联互通合作机制（债券通）启动后的一个重要里程碑。此次绿色债券的发行不仅体现了深圳能源对绿色发展的承诺，也为粤港澳大湾区的金融合作创新和绿色建设提供了资金支持。

（一）案例背景

深圳能源集团是一家在中国深圳注册成立的大型综合性能源企业，主要从事电力、热力、燃气及水的生产和供应业务。深圳能源集团成立于 1993 年 8 月 21 日，股票代码为 000027，股票在深圳证券交易所上市。公司的注册资本为人民币 3,964,491,597.00 元。

深圳能源集团在电力生产领域拥有多元化的发电方式，包括火力发电、水力发电、风力发电、光伏发电以及垃圾焚烧发电等。集团通过其下属的多个子公司和项目，如深圳妈湾电力有限公司、深能合和电力（河源）有限公司等，实现了在珠三角地区以及全国范围内的电力供应。

深圳能源集团作为深圳市国有资产监督管理委员会的直属企业，作为全国电力行业第一家在深圳上市的大型股份制企业，享有政府的支持和市场的认可，其业务发展和市场地位在行业内具有重要影响。在国家推进粤港澳大湾区建设的背景下，深圳能源积极响应国家政策，通过引入境外资金，发展绿色能源项目，以支持区域的可持续发展。债券通机制的建立，为深圳能源提供了一个吸引境外投资者参与内地债券市场的机会，同时也为境外投资者提供了投资中国绿色债券的新渠道。

（二）项目概括

绿色企业债券（债券通）是指在中国境内发行的，通过债券通机制向境外投资者开放的绿色债券。这种债券不仅符合绿色债券的标准，即所筹集的资金将专门用于支持环保项目和可持续发展项目，而且利用了债券通这一创新的跨境投资渠道，使得境外投资者能够直接参与中国债券市场，购买和交易这些绿色债券。

债券通是中国资本市场对外开放的重要举措，它允许境外投资者通过中国香港与内地债券市场之间的互联互通机制，直接投资内地债券市场。这一机制分为两个方向：北向通（境外投资者购买内地债券）和南向通（内地投资者购买香港债券）。全国首单绿色企业债券的发行，标志着绿色金融与资本市场开放的结合，有助于推动全球绿色投资和可持续发展目标的实现。

这类债券的发行对于发行企业来说，不仅能够吸引更多的资金支持其绿色项目，还能提升企业的社会责任形象。对于投资者而言，投资绿色债券是一种支持环保和可持续发展的方式，同时也可能获得稳定的投资回报。对于整个市场而言，有助于推动绿色金融体系的发展，促进经济结构的绿色转型。

表 5-2　2019 年第一期深圳能源集团绿色债券①

项目	数据
债券简称	19 深圳能源绿色债 01
债券代码	1980049
债券类型	企业债
发行人	深圳能源集团股份有限公司（原深圳市能源集团有限公司）
债券发行日	2019-02-22
到期兑付日	2029-02-22
债券期限	5+5 年
面值（元）	100.00
发行价格（元）	100.00
计划发行量（亿）	16.50
实际发行量（亿）	16.50
息票类型	附息式固定利率
付息频率	年
债券起息日	2019-02-22
基准利差（%）	—
票面利率（%）	4.05
资金用途	2 亿元用于桂林市山口生活垃圾焚烧发电工程项目，3.50 亿元用于潮州市区环保发电厂项目，11 亿元用于补充营运资金

2019 年 2 月 22 日，深圳能源集团完成了 16.50 亿元人民币的绿色债券发行，其中在深交所上市的量为 7.10 亿元（见表 5-2）。债券的

① 资料来源：https://www.chinamoney.com.cn/chinese/zqjc/?bondDefinedCode=64796tchph.

票面利率为4.05%，申购倍数达到1.58倍，显示出市场对此次发行的积极响应。此次债券发行由海通证券牵头承销，长城证券作为联席主承销商。共有16家境内外投资者中标，其中境内机构14家，境外机构2家。募集资金主要用于深圳能源集团下属的垃圾发电项目建设以及补充营运资金。

（三）实践效果

发行绿色债券有助于优化企业的资本结构，通过长期债务融资替代短期债务，降低财务风险，提高企业的财务稳定性。所募集资金用于绿色项目，如环保发电厂等，一旦投入运营，将产生稳定的现金流和收益，有助于提高企业的长期营利能力。

此次绿色债券的成功发行，不仅吸引了众多投资者，还得到了政府和监管机构的高度评价。时任深圳市地方金融监督管理局局长何杰表示，这是深港金融合作的突破，有助于推动金融市场对外开放和绿色金融理念的传播。时任深圳市国有资产监督管理委员会副主任胡国斌强调了金融创新的重要性，并表示支持市属国资企业开展绿色金融创新实践。[①]这表明政府对绿色债券发行的支持态度，以及对深圳能源在绿色发展道路上的鼓励。债券通的实施促进了深港两地监管机构的协同，有助于建立跨境监管体系，为未来更多的跨境金融合作奠定基础。

（四）小结

深圳能源集团的绿色债券发行案例展示了企业如何通过资本市场支持绿色发展，同时也体现了政府对绿色金融的重视和支持。这一案例不仅为深圳能源集团自身的转型发展提供了资金支持，也为粤港澳大湾区的绿色建设贡献了力量。

深圳能源集团的成功案例可以为其他企业提供一个可复制的模

---

① 全国首单绿色企业债券（债券通）上市，深圳能源助力粤港澳大湾区金融互联互通，(2019-03-08）[2024-01-23]. https://www.sohu.com/a/300023895_708146.

板，鼓励更多企业通过债券通发行绿色债券，从而推动绿色金融产品的发展。债券通机制的推广有助于促进国际资本市场的合作，为全球投资者提供更多投资中国绿色项目的机会，同时也为中国企业提供了国际融资的新途径。

这一创新举措推动了绿色金融产品在中国的发展，有助于实现金融资源向绿色产业的倾斜，支持环保和可持续发展项目。债券通绿色债券的发行体现了资本市场创新，为绿色债券市场的发展提供了新的动力，有助于完善绿色金融体系。

三、永诚保险澜沧江柬埔寨桑河二级电站运营期保险项目①

【摘要】永诚保险承保的澜沧江柬埔寨桑河二级电站运营期保险项目，使用了天气指数保险、光伏组件质量及功率损失保证保险和风电质量保证险等多种创新的保险品种来提供全生命周期的风险保障和专业化的风险防控服务。该承保服务案例成功入选《亚洲金融合作协会绿色金融实践报告（2022—2023）》，成为中国保险公司服务中国企业"一带一路"走出去、支持清洁能源发展的典型案例。

（一）案例背景

澜沧江柬埔寨桑河二级电站位于柬埔寨东北部上丁省西山区境内的桑河干流上，由中国华能集团控股的华能澜沧江水电股份有限公司开发，桑河二级水电有限公司负责运营，项目总装机容量 40 万千瓦，年发电量可达 19.70 亿千瓦时，电站主要用于发电，同时调蓄桑河下游的水量，为柬埔寨王国提供稳定的清洁能源，缓解电力供应不足的问题。电站是"一带一路"建设和柬埔寨能源建设的重点项目，自 2018 年 10 月投产以来，每年为柬埔寨提供近 20 亿千瓦时的清洁能源，总装机容量约占柬埔寨全国发电量的 20.00%。电站的建设和运营不仅提

① 永诚保险：践行绿色发展理念　做好绿色金融大文章[EB/OL]，（2024-01-17）[2024-02-13]. https://www.shobserver.com/sgh/detail?id=1236897.

供了稳定的清洁能源，还带动了当地经济的发展，包括解决了约 260 万人的用电需求，降低了工业和居民用电电价。此外，电站还通过建设移民新村、提供就业机会、培养技术人才等方式，促进了当地社区的发展。①

桑河二级水电站作为柬埔寨最大的水电工程，其建设和运营过程中涉及大量的投资、设备、人员以及对环境的影响，因此需要保险来分散和管理潜在的风险。出于资产保护、运营风险、第三方责任、员工安全、环境责任、政治和信用风险、项目延误和取消风险等方面考虑，该项目由永诚保险承保。

（二）项目概括

永诚保险为澜沧江柬埔寨桑河二级电站运营期提供的保险项目中，使用了以下多种创新的保险品种来提供全生命周期的风险保障和专业化的风险防控服务。

（1）天气指数保险。这种保险品种根据天气条件的变化来确定保险赔付，例如，极端天气事件可能对电站运营造成影响，天气指数保险可以为此类风险提供保障。

（2）光伏组件质量及功率损失保证保险。这种保险针对光伏发电设备的质量保证和功率损失提供保障，确保设备在规定的性能标准内运行，对于因质量问题导致的功率损失提供赔偿。

（3）风电质量保证险。类似于光伏组件保险，这种保险为风电设备提供质量保证，确保风电机组在规定的性能标准内运行。

（4）太阳能发电辐射指数险。这种保险针对太阳能发电项目，根据太阳辐射强度的变化来确定保险赔付，以应对太阳辐射不足对发电效率的影响。

永诚保险为这个项目提供了全生命周期的风险保障和专业化的风险防控服务，不仅保障了项目的稳定运营，还有助于推动绿色能源

---

① 沈燕. 点亮新生活[N]. 云南日报，2023-05-17（6）.

的发展和环境保护。通过这些保险产品，永诚保险支持了“一带一路”倡议下的能源合作项目，同时也体现了其在绿色金融领域的专业能力和服务水平。

（三）实践效果

（1）在创新性方面，永诚保险在绿色金融领域的探索和实践，如为清洁能源企业提供全生命周期的风险保障，体现了保险行业的创新精神。通过参与绿色金融相关标准的制定，永诚保险推动了行业内部对于绿色保险产品和风险管理的创新。

（2）在盈利性方面，对永诚保险而言，成功承保这样一个大型国际项目可能会带来稳定的保费收入，增强公司的财务实力。通过提供专业的保险服务，永诚保险能够吸引更多类似项目的保险业务，从而扩大市场份额和增加盈利潜力。

（3）在社会贡献方面，桑河二级水电站作为柬埔寨最大的水电工程，对当地社会经济发展具有重要意义。永诚保险通过为其提供保险支持，帮助保障了项目的顺利运营，间接促进了当地能源供应的稳定性和可靠性，提高了当地居民的生活质量。项目的成功运营有助于柬埔寨减少对外部电力的依赖，提高能源自给率，这对于该国的能源安全和经济独立具有长远影响。

（4）在可推广性方面，永诚保险在该项目中的成功经验可以作为案例，推广到其他“一带一路”倡议下的国际合作项目，特别是在清洁能源和基础设施建设领域。该项目展示了中国保险公司在国际市场上的服务能力和专业水平，有助于提升中国保险业的国际形象和竞争力。

（四）小结

该案例被《亚洲金融合作协会绿色金融实践报告（2022—2023）》收录，表明国际社会对永诚保险在绿色金融领域实践的认可，同时也展示了中国保险公司在支持国际绿色发展项目中的作用。永诚保险通过为桑河二级水电站提供保险服务，不仅支持了清洁能源项目的发展，还促进了柬埔寨能源结构的改善和经济社会的发展。这一实践体现了永诚保险在绿色金融领域的创新和领导力，同时也展示了中国企业在国际合作中的积极形象，为推动全球绿色发展和实现可持续发展目标做出了贡献。

四、金风科技风电绿色基金

【摘要】根据国家市场监督管理总局国家企业信用信息公示系统数据，截至 2021 年底，以风电为明确投资对象、在营的基金有 4 只，分别是汕尾市振新风电产业发展基金（有限合伙）、风能开发产业基金（宁夏）合伙企业（有限合伙）、阳江恒财海上风电产业投资基金管理有限公司和阳江海上风电产业发展基金合伙企业（有限合伙），如表 5-3 所示。

表 5-3　风电主题基金

公司名称	成立时间	经营范围	注册资本（万元）
汕尾市振新风电产业发展基金（有限合伙）	2021 年 10 月	以私募基金从事股权投资、投资管理、资产管理等活动（须在中国证券投资基金业协会完成登记备案后方可从事经营活动）；以自有资金从事投资活动（依法须经批准的项目，经相关部门批准后方可开展经营活动）	15220
风能开发产业基金（宁夏）合伙企业（有限合伙）	2021 年 7 月	资本投资服务；创业投资（限投资未上市企业，依法须经批准的项目，经相关部门批准后方可开展经营活动）	160000
阳江海上风电产业发展基金合伙企业（有限合伙）	2018 年 2 月	基金投资及管理；股权投资及管理；受托资产管理；资产管理；投资管理；企业管理（依法须经批准的项目，经相关部门批准后方可开展经营活动）	198700

续表

公司名称	成立时间	经营范围	注册资本（万元）
阳江恒财海上风电产业投资基金管理有限公司	2018年2月	海上风电产业基金管理；股权投资及管理；受托资产管理、资产管理、投资管理（依法须经批准的项目，经相关部门批准后方可开展经营活动）	1100

资料来源：根据公开资料整理，时间截至2021年底。

本案例聚焦金风科技股份有限公司（以下简称金风科技）通过其全资子公司北京天润新能投资有限公司（以下简称天润新能）及其下属公司天润启航投资管理有限公司（以下简称天润启航）在新能源领域的战略投资。2021年6月21日，金风科技公告了天润启航收购深圳柏纳股权投资基金管理有限公司（以下简称深圳柏纳）40.00%股权的交易，以及参与设立深圳柏纳启航新能源产业基金（有限合伙）的计划。通过参与新能源产业基金，金风科技有望在风电、光伏等清洁能源领域实现更深层次的技术创新和产业升级，为实现全球碳中和目标贡献力量。

（一）案例背景

金风科技成立于2001年，是一家全球领先的清洁能源和节能环保领域的高科技企业。公司总部位于中国新疆维吾尔自治区乌鲁木齐市，专注于风电设备的研发、制造、销售和服务，同时也涉足能源互联网、环保等其他领域。金风科技致力于推动能源变革，提供可负担、可靠、可持续的能源解决方案，以实现更加美好的未来。

金风科技的主要业务包括大型风力发电机组的生产销售及技术引进与开发、中试型风力发电场的建设与运营、风力发电机零部件的制造与销售，以及提供风机制造、风电场建设运营相关的技术服务与技术咨询。公司还涉及风力发电机组及其零部件的进出口业务。

随着全球对可再生能源需求的增长和中国政府对新能源产业的支持，金风科技面临着转型升级和产业拓展的机遇。为了抓住这些机遇，金风科技通过其全资子公司天润新能，进一步拓展金融投资领域，以实现产业链的延伸和多元化发展。

（二）项目概括

天润启航出资 400 万元人民币收购深圳柏纳 40.00%的股权。同时，天润启航计划以自有资金认缴出资 4 亿元人民币，参与设立深圳柏纳启航新能源产业基金，该基金总规模为 10 亿元人民币。深圳柏纳启航新能源产业基金的投资范围广泛，包括但不限于绿色电力能源企业、风电电站等。这表明金风科技希望通过基金投资，支持和促进新能源产业的发展，同时也为公司自身在新能源领域的扩张提供资金支持。

（三）实践效果

金风科技通过其全资子公司天润新能及其下属公司天润启航在新能源领域的投资活动，体现了公司对于新能源产业未来发展的信心以及对多元化战略的重视。通过收购深圳柏纳的股权并参与设立新能源产业基金，金风科技不仅能够利用深圳柏纳在股权投资领域的专业管理经验，还能够通过产业基金的形式，更有效地整合资源，投资具有潜力的新能源项目，从而实现产业链的延伸和价值链的提升。

这样的战略布局有助于金风科技在风电等新能源领域保持技术领先和市场竞争力，同时也能够为公司带来新的增长点。通过资本运作，金风科技可以更好地把握行业发展趋势，优化资产配置，提高资本运作效率，实现长期稳定的投资回报。此外，这种合作模式还有助于金风科技在新能源产业链中建立更广泛的合作关系，增强其在行业内的影响力和话语权。

（四）小结

通过收购深圳柏纳股权和设立新能源产业基金，金风科技能够更直接地参与新能源项目的投资和运营，从而实现产业链的纵向和横向延伸。金风科技通过此次资本运作，展示了其在资本市场的运作能力，有助于提升公司的整体竞争力。通过多元化投资，金风科技能够分散单一业务的风险，增强公司在市场波动中的稳定性。金风科技在新能源领域的深入布局，有助于提升其在行业内的影响力，为未来的市场拓展和政策倡导提供支持。

本章小结

电力行业正通过多种绿色金融产品推动其绿色转型。除绿色信贷以外，绿色企业债券、绿色保险、新能源产业基金等也为水电等项目提供风险保障，增强了项目的可持续运营。这些实践不仅优化了企业的资本结构，降低了融资成本，还为绿色能源项目提供了资金支持，体现了金融创新与环境保护的结合，对全球绿色发展和应对气候变化具有积极影响。现有的绿色金融产品和市场体系尚处于初级阶段，存在普惠型绿色金融产品较少、项目分类标准不统一、信息披露强制性不足等问题。当前绿色金融模式难以满足电力行业转型发展的需求，例如保险业虽然在提供绿色保险保障方面有所进展，但与电力行业低碳转型的保障需求相比，仍有较大差距，特别是在产品供给、保障范围、风险数据积累等方面。电力行业绿色转型压力较大，需要更多的资金支持。新能源项目普遍建设成本高、周期长，对资金使用成本敏感，而现有的融资渠道和金融工具可能无法完全满足这些需求。

第六章 绿色金融与钢铁行业绿色转型案例分析

根据澎湃新闻的报道，2022 年全国碳排放量累计 110 亿吨，约占全球碳排放量的 28.87%。钢铁行业作为高能耗、高排放的行业，其碳排放量占中国总排放量的 15.00%左右，是制造业 31 个门类中碳排放量最大的行业。[①]根据中国企业数据库“企查猫”的数据，截至 2022 年 6 月 29 日，中国钢铁行业的主要企业共有 14,202 家。从业人员方面，2022 年黑色金属冶炼和压延加工业平均用工人数为 196.70 万人，因此钢铁行业在全球气候变化和环境污染日益严重的背景下，绿色转型是其减轻环境压力、实现可持续发展的必然选择。

钢铁行业作为碳排放的重点行业，其绿色转型和低碳发展离不开绿色金融的支持。绿色信贷是绿色金融的重要组成部分，它为钢铁行业的绿色项目和技术改造提供了资金支持，有助于推动行业的可持续发展。当前钢铁行业应用绿色信贷存在的困难和问题主要有：信贷政策调控不及时，银行贷款投放受限，特别是对钢铁行业的信贷规模和新增授信受到严格控制；绿色金融供给方式单一，主要依赖绿色信贷，其他金融机构参与度低，市场化直接融资发展不足；企业缺乏自愿减排动力，绿色金融有效需求不足，因为环保升级改造成本高，影响企业盈利；新型低碳技术缺乏关键突破，银行面临不确定性风险，包括

---

① 占全国碳排放总量的 15%，制造业的排碳“大户”减碳之路到底该怎么走？[EB/OL]，（2023-05-12）[2024-02-13]. http://news.sohu.com/a/675044703_121674949.

抵押品风险和市场风险。[①]因此企业融资产生多元化的需求，包括发债、资产证券化、权益性融资等方式。

钢铁企业通过发行绿色债券来筹集资金，用于支持其绿色低碳项目。例如，中国宝武钢铁集团旗下的宝山钢铁股份有限公司成功发行了全国首单低碳转型绿色公司债券，募集资金用于氢基竖炉系统项目。金融机构正在开发多种绿色金融产品，如绿色基金、绿色信托、绿色保险等，以满足钢铁行业绿色转型的多样化需求。

尽管绿色金融在钢铁行业的应用取得了进展，但仍面临资金缺口。中国钢铁行业为实现碳达峰和碳中和，预计需要巨额资金投入，王宁（2021）预测，2030—2060 年需要 19 万亿元。

第一节　钢铁行业应用绿色信贷绿色转型案例

一、南通中天绿色精品钢银团贷款项目[②]

【摘要】南通中天绿色精品钢银团贷款绿色金融项目是由 8 家金融机构组成的银团与中天钢铁集团签订的战略合作协议，旨在为中天绿色精品钢项目提供总计 170 亿元人民币的融资支持。这一项目不仅创下了 2021 年江苏省内银团贷款总额的最高纪录，而且标志着江苏省在绿色金融领域的一次重要实践。资金的注入将支持中天钢铁集团进行技术改造和产业升级，提高其产品的质量和竞争力，同时也有助于整个钢铁行业的绿色转型。该银团贷款项目展示了金融机构如何通过合作，共同支持大型绿色项目。这种模式可以为其他绿色项目提供

① 王宁. 双碳目标下金融支持钢铁行业绿色低碳转型调查[J]. 河北金融，2021（10）：15-16+20.

② 170 亿元银团贷款签约，将建全球首个“无废水排口”的零排放项目[EB/OL]，（2021-06-01）[2024-02-13]. https://baijiahao.baidu.com/s?id=1701356945427994309&wfr=spider&for=pc.

融资的范例，促进绿色金融产品和服务体系的创新。

（一）案例背景

为深入贯彻落实中共中央政治局审议通过的《长江经济带发展规划纲要》中“坚持绿色低碳可循环的发展，加快推动产业的升级转型、加大力度保护长江自然生态环境，突出长江经济带高质量发展对我国经济稳增长的重要作用”①的要求，江苏省委省政府印发了《全省钢铁行业转型升级优化布局推进工作方案》，积极优化省内钢铁行业的布局、不断提高行业产能和技术装备升级，科学有序地推进沿海钢铁基地示范工程，努力实现钢铁行业的绿色发展和高质量发展。

中天绿色精品钢项目的投资方是中天钢铁集团。中天钢铁集团是一家大型钢铁企业，总部位于江苏省南通市。该集团主要从事钢铁产品的生产和销售，包括建筑用钢、工业用钢等多种钢材。

中天绿色精品钢项目是江苏省贯彻长江经济带发展和长三角一体化发展两大国家战略，推动钢铁产能由沿江向沿海转移的示范项目，也是推动江苏产业转型升级的龙头项目。该项目旨在推动钢铁产能由沿江向沿海转移，同时也是南通市推进“大通州湾”建设，打造长三角一体化沪苏通核心三角强支点城市的龙头项目。该项目总投资约1,000亿元，规划钢铁产能2,000万吨，其中一期一步以炼铁产能606万吨、炼钢产能585万吨起步建设，计划投资458亿元，致力于打造国内外首个“无废水排口”的零排放项目，具有显著的经济价值和社会意义。②

（二）项目概括

该项目规划钢铁总产能2,000万吨，按照“五化”“五一流”设计理念和战略目标，力争在“十四五”期间打造一座千亿级高端绿色临港钢铁产业园。该项目仅用18个月，第一条产线就建成投产，2023年

---

① 省政府办公厅关于印发全省钢铁行业转型升级优化布局推进工作方案的通知，（2019-05-05）[2024-01-23]. http://www.jiangsu.gov.cn/art/2019/5/5/art_64797_8326491.html.

② 刘加军，李倩. 书写钢铁现代化的中天答卷[N]. 中国冶金报，2023-09-27（1）.

3 月，项目一期全面投产。该项目融资规模 170 亿元人民币。银团贷款由中国工商银行江苏省分行、江苏银行、中国进出口银行江苏省分行、中国银行江苏省分行、中国农业银行江苏省分行等 8 家金融机构共同提供。资金将用于中天绿色精品钢项目的建设和运营，包括但不限于基础设施建设、设备采购、技术研发等。该项目优势明显，股东实力强，成本优势显著，区域市场成熟，建成后将成为全球首个“无废水排口”的零排放项目。

（三）实践效果

银团贷款为该项目提供了 170 亿元人民币的巨额资金，这是该项目得以顺利启动和推进的重要基础。这笔资金支持了项目的基础设施建设、设备采购、技术研发等多方面的支出，确保了项目能够按计划进行。分担单一金融机构风险，银团贷款通常由多家银行共同承担，这种模式分散了单一金融机构的风险。在中天绿色精品钢项目中，8 家金融机构共同参与，降低了任何一家银行可能面临的风险，增强了该项目的融资稳定性。

该项目自 2020 年 8 月正式开工以来，推进顺利，创造了重特大项目建设的“南通速度”。银团贷款的成功签约为项目提供了稳定的融资渠道，确保了项目能够按计划进行，特别是为 9 月 26 日第一台高炉点火提供了坚强保障。该项目的成功实施将有助于推动江苏传统产业升级、制造业高质量发展，同时也为南通市引入更多金融活水，支持实体经济发展。

此外，该项目通过采用先进的生产工艺和智能化技术，实现了生产过程中的节能减排。例如，该项目实现了超低排放要求，废气排放指标高于国家规定的超低排放标准 30.00%以上，显著减少了对环境的负面影响。该项目强调资源的高效利用和循环再生，例如，通过能源回收和废物处理技术，提高了资源的回收率，减少了废物的产生和排放，实现了废物的减量化、资源化和无害化处理。该项目在供应链管理中融入绿色理念，推动了上下游企业共同实现绿色发展。这不仅提升了整个产业链的环境绩效，也增强了供应链的竞争力和可持续发展能力。该项目积极履行社会责任，通过参与或组织公益活动，提升了企业的社会形象和公众认可度。这种社会责任的履行有助于构建良好的政企关系，获取丰富的社会资源，同时也为企业带来了正面的社会效应。该项目的绿色实践不仅提升了环境质量，还带来了经济效益的提升。通过绿色管理，该项目实现了成本节约、效率提高，增强了企业的市场竞争力。

总结来说，中天绿色精品钢项目通过绿色金融的应用，实现了环境效益和经济效益的双重提升，为企业的可持续发展奠定了坚实基础。这些实践效果不仅体现了绿色金融在推动企业绿色转型中的重要作用，也为同行业其他企业提供了可借鉴的经验。

（四）小结

中天绿色精品钢银团贷款绿色金融项目是金融机构与企业合作的典范，展示了金融机构在支持绿色发展和产业升级中的关键作用。项目的实施不仅有助于实现经济效益，更重要的是推动了环保和可持续发展目标的实现，为钢铁行业乃至整个制造业树立了绿色发展的新标杆。此外，该项目还有助于促进区域经济发展，实现政府、银行和企业的共赢局面。

二、建龙集团绿色信贷案例

【摘要】建龙集团积极通过绿色信贷项目推动企业绿色转型。2022年，集团11个项目获绿色信贷支持，总额达17亿元人民币，利率优惠100至200个基点（BP）。资金用于提升能源效率、余热回收、新能源发电等，显著降低了碳排放。建龙集团的实践不仅降低了融资成本，增强了市场竞争力，还提升了企业形象，为钢铁行业绿色发展树立了典范。建龙集团的绿色信贷案例凸显了绿色金融在促进环保投资、产业升级和可持续发展中的重要作用，为其他企业提供了转型参考。

（一）案例背景

建龙集团是一家大型综合性钢铁企业，主要从事钢铁生产、矿业开发、贸易物流等业务。建龙集团在钢铁行业中的地位较为显著，拥有多个生产基地，产品涵盖热轧卷板、冷轧卷板、镀锌板、彩涂板、无缝钢管等多种钢材产品。建龙集团作为行业内的重要企业，有责任和义务响应国家政策，通过绿色转型来降低碳排放，提升企业的环境友好性。

绿色信贷通常提供较低的融资成本，这有助于降低企业的财务负担，同时投资于绿色项目往往能够带来长期的环境效益和经济效益，如节能减排、提高资源利用效率等。建龙集团通过与金融机构合作，探索和应用前沿的绿色技术，如氢基熔融还原、氢基竖炉+近零碳排电炉、碳捕集利用等，这些技术的应用有助于实现更高效的能源利用和更低的碳排放。

（二）项目概括

2022 年，建龙集团共有 11 个项目入选生态环境部“生态环保金融支持项目储备库”，其中 10 个绿贷项目获得了绿色信贷支持，合计金额达 17 亿元人民币。[①]这些项目涵盖多个领域，包括能源效率提升、新能源发电、前沿技术应用等。建龙集团获得的绿色信贷在利率上享有优惠，相较于同期限的普通贷款，融资成本降低了 100 至 200 个基点。这种利率优惠有助于降低企业的融资成本，进一步激励企业投资于绿色项目。

绿色信贷资金主要用于支持建龙集团的绿色转型和低碳发展，主要包括自发电项目、余热回收和新能源发电项目。例如，建龙集团所有钢铁子公司均投资建设了富余煤气自发电项目，提高了自发电率，减少了碳排放。建龙集团强化了冲渣水、烟气类等余热回收，用于城市供暖，提高了能源利用效率。建龙集团大力发展光伏、风电等新能

① 建龙集团受邀出席钢铁行业低碳转型金融服务方案发布会[EB/OL].（2023-04-30）[2024-02-13]. https://baijiahao.baidu.com/s?id=1764567553387666224&wfr=spider&for=pc.

源发电，优化能源结构，提升绿电使用比例。

2022 年 6 月 27 日，黑龙江建龙从渤海银行沈阳分行成功获批一笔绿色信贷支持，贷款金额 1 亿元人民币。这是建龙集团获得的第三笔绿色信贷，也是渤海银行沈阳分行投放的首笔钢铁行业绿色贷款和首笔碳减排绿色项目贷款。这笔贷款体现了金融机构对黑龙江建龙绿色工厂项目的肯定和认可。

黑龙江建龙 40MW 煤气综合利用发电项目，总投资额 1.73 亿元人民币，目前已实现并网发电。项目正式运行后，企业自发电量由之前的 65.00%提高至 85.00%以上，并极大地减少企业废气排放，年可减少 CO_2排放量 26.98 万吨、SO_2排放量 0.16 万吨。该项目是建龙集团首个燃气机组“智慧电厂”项目，实现了发电“集约化、流程化、规范化、智能化”的目标。

此外，还有吉林建龙的焦炉脱硝、烧结脱硝、炼钢除尘项目以及建龙西钢的废钢加工项目也获得了绿色信贷支持。通过这些实践，建龙集团不仅在绿色信贷方面取得了显著成效，而且在推动整个钢铁行业向绿色低碳转型方面发挥了示范作用。

（三）实践效果

建龙集团的绿色低碳转型实践涵盖了六个方面：工艺流程优化提升、前沿技术创新应用、产品绿色低碳转型、用能效率结构优化、绿色物流系统升级、资源能源循环利用。这些措施有助于建龙集团实现其设定的“双碳”目标，即到 2025 年碳排放总量达到峰值，2033 年碳排放总量较峰值下降 20.00%，碳排放强度较 2020 年下降 25.00%，并在 2060 年实现碳中和。

成功落地的绿色信贷项目不仅为建龙集团提供了资金支持，还降低了其融资成本，增强了企业的市场竞争力。通过这些项目，建龙集团实现了环保目标，如减少 CO_2排放量 26.98 万吨、SO_2排放量 0.16 万吨，对环境保护做出了积极贡献。建龙集团的实践为钢铁行业树立了绿色发展的典范，推动了整个行业的绿色转型。

（四）小结

建龙集团的绿色信贷案例，展示了绿色金融在支持企业绿色发展中的重要作用。通过与金融机构的合作，建龙集团不仅实现了经济效益，还承担了社会责任，为钢铁行业的绿色转型提供了可行路径。这一案例强调绿色信贷在促进企业环保投资、降低融资成本、推动产业升级和实现可持续发展目标方面的积极作用，同时，也为其他企业提供了借鉴，鼓励更多企业利用绿色金融工具，共同推动经济与环境和谐发展。

三、钢铁行业首笔绿色低碳前融贷款——包钢集团CCUS示范项目[①]

【摘要】本案例详细介绍了包钢集团全国钢铁行业首笔绿色低碳前融贷款的落地，这一创新业务不仅标志着钢铁行业在碳减排技术领域信贷投放的突破，也是包钢集团与平安银行呼和浩特分行深化合作的成果。通过这笔贷款，包钢集团的CCUS示范项目得到了有效支持，为钢铁行业的低碳转型提供了可复制的模式。

（一）案例背景

包钢集团是中国北方地区重要的钢铁生产企业之一，总部位于内蒙古自治区包头市。包钢集团成立于1954年，是中国最早的大型钢铁企业之一，拥有完整的钢铁生产链，包括采矿、炼铁、炼钢、轧钢等多个环节。包钢集团的产品涵盖多个领域，包括建筑用钢、汽车用钢、机械用钢、管线用钢、家电用钢等，服务于建筑、交通、能源、机械制造等多个行业。集团不仅在钢铁生产方面有着深厚的技术积累，还致力于技术创新和产品研发，以满足市场的多样化需求。

在绿色发展和可持续发展方面，包钢集团积极响应国家政策，推动节能减排和环保技术的应用，努力实现绿色生产。集团参与绿色信

---

① 全国钢铁行业首笔绿色低碳前融贷款创新业务在包钢集团落地[EB/OL]，（2022-11-28）[2024-02-13]. https://gzw.nmg.gov.cn/gzzx/qsqy/202211/t20221128_2178059.html.

贷项目，投资环保设施的建设和升级，以及开发低碳、环保的钢铁产品，以减少生产过程中的环境影响。包钢集团作为国内重要的钢铁企业，积极布局 CCUS 技术，以实现节能减排和低碳发展。

CCUS 技术是一种旨在减少大气中二氧化碳浓度的环境友好型技术。这项技术的核心目标是捕集工业过程中产生的二氧化碳，然后将其转化为有用的产品或安全地封存起来，以防止其进入大气层，从而对抗全球气候变化。CCUS 技术主要包括碳捕集、碳利用、碳封存等技术。CCUS 技术的优势在于它能够直接减少工业排放，是实现碳中和目标的关键技术之一。然而，CCUS 技术也面临一些挑战，包括高昂的初始投资成本、运营成本、技术成熟度以及封存地点的选择和安全性问题。

（二）项目概括

包钢集团的 200 万吨 CCUS 示范项目是国内最大、内蒙古自治区第一个钢铁行业 CCUS 全产业链示范工程。该项目将对工业废烟气中的二氧化碳进行捕集，一部分经管道输送包钢碳化法钢铁渣综合利用项目固化利用，另一部分经过压缩液化后，采用低碳运输（换电重卡）方式送至周边油气田做增产技术服务，实现二氧化碳永久地质封存。一期 50 万吨示范项目建成后，预计每年可实现二氧化碳减排 36.53 万吨，相当于植树近 1,900 万棵，对服务国家战略和经济社会绿色发展意义重大。

该项目的首笔前融贷款由平安银行呼和浩特分行提供，专项用于项目前期的设备采购。这笔贷款不仅是平安银行在绿色低碳领域的首笔创新业务，也是首次适用中国人民银行碳减排支持工具的业务。贷款的顺利投放，为项目的持续推进提供了资金保障，尤其是在新冠疫情期间，确保了项目的顺利进行。

（三）实践效果

这笔绿色低碳前融贷款的落地，对包钢集团的 CCUS 示范项目产生了积极影响。首先，它为项目提供了必要的资金支持，使得项目能够在关键时期继续推进，这对项目实现长期目标至关重要。其次，这一实践展示了金融机构在支持绿色低碳项目方面的积极作用，为其他企业提供了参考。此外，这一案例还有助于推动钢铁行业乃至整个工业领域的绿色转型，鼓励更多的企业采用 CCUS 等低碳技术，从而实现可持续发展。

（四）小结

包钢集团的 CCUS 项目绿色低碳前融贷款案例，是中国钢铁行业在绿色金融领域的一次重要尝试。该项目展示了 CCUS 技术在实际工业应用中的可行性，为其他钢铁企业乃至其他高碳排放行业提供了一个可复制的模式。通过与金融机构的合作，该项目展示了如何通过金融创新支持绿色低碳项目，为其他企业提供了融资的参考路径，特别是在绿色金融工具的应用上，如中国人民银行的碳减排支持工具。该项目的实施经验可以被其他企业借鉴，推动整个行业向低碳转型，促进绿色技术的广泛应用。

该项目预计每年可实现二氧化碳减排 36.53 万吨，相当于植树近 1900 万棵，对减少温室气体排放、应对气候变化具有重要意义；通过推动钢铁行业的绿色转型，有助于实现国家的碳达峰和碳中和目标，对全球环境治理和可持续发展具有积极影响；有助于提升公众对绿色低碳发展的认识，促进社会整体环保意识的提升，为构建生态文明社会做出贡献。

第二节　钢铁行业应用其他绿色金融产品绿色转型案例

一、宝钢股份发行上海市场首单可持续发展挂钩债券

【摘要】宝钢股份作为中国钢铁行业的领军企业，积极响应国家绿

色发展和低碳转型的号召，于 2021 年 9 月 6 日在银行间市场成功发行了上海市首单可持续发展挂钩债券（中期票据），该债券的特点是设定了票面利率调整机制，前两个计息年度的利率为固定利率 2.99%，第三个计息年度的利率则根据 2023 年度的可持续发展绩效目标完成情况来确定。宝钢股份通过这笔可持续发展挂钩债券，将公司的吨钢氮氧化物排放量设定为关键绩效指标，并将绩效目标设定为 2023 年吨钢氮氧化物排放量不超过 0.63 千克/吨粗钢，较 2020 年下降 6.00%。这一举措体现了宝钢股份积极响应国家战略，加速推进“碳达峰、碳中和”工作的决心，同时也是绿色金融创新引领行业绿色高质量发展的一种低碳转型发展的投融资新模式。此外，这笔债券的发行也标志着上海市场首单可持续发展挂钩债券的顺利落地，为绿色金融领域带来了创新和实践的机遇。

（一）案例背景

宝山股份由上海宝钢集团（中国宝武钢铁集团）于 2000 年 2 月创立；同年 12 月在上海证券交易所上市；2017 年 2 月完成吸收合并武钢股份后，宝钢股份拥有上海宝山、武汉青山、湛江东山、南京梅山等主要制造基地，在全球上市钢铁企业中粗钢产量排名第二，是全球碳钢品种最为齐全的钢铁企业之一。宝钢股份是中国宝武钢铁集团有限公司的核心企业，该集团致力于打造世界一流的绿色智能钢铁制造商，拥有宝山、武钢等多个知名钢铁品牌。宝钢股份在全球范围内享有盛誉，是《财富》世界 500 强企业之一。

可持续发展挂钩债券（sustainability-linked bond，SLB）是一种将债券条款与发行人的可持续发展目标相挂钩的债务融资工具。这种债券的设计旨在通过金融激励机制，鼓励企业在实现其业务增长的同时，积极采取行动以促进 ESG 方面的进步，从而支持全球可持续发展目标。

（二）项目概括

宝钢股份发行的可持续发展挂钩债券详见表 6-1。

表 6-1　宝钢股份可持续发展挂钩债券信息

债券简称	21 宝钢 MTN001（可持续挂钩）
债券代码	102101795
发行人	宝山钢铁股份有限公司
债券发行日	2021-09-01
到期兑付日	2024-09-06
债券期限	2+1 年
面值（元）	100.00
发行价格（元）	100.00
发行总额（亿元）	50.00
付息频率	每年
债券起息日	2021-09-06
票面利率（%）	2.99
资金用途	募集资金主要用于宝钢股份的超低排放改造及日常运营资金需求，优化债务融资结构，保持低成本优势

（三）实践效果

在项目绿色性上，宝钢股份通过设定吨钢氮氧化物排放量作为关键绩效指标（KPI），并设定明确的减排目标，直接体现了其在生产过程中减少环境污染、推动绿色生产的决心。2022 年度，宝钢股份的吨钢氮氧化物排放量实际下降 38.12%，远超设定的目标，显示出其在绿色发展方面的积极进展。

在资金成本上，债券的前两个计息年度利率为固定利率 2.99%，这在一定程度上降低了公司的融资成本。第三个计息年度的利率调整机制则与公司的可持续发展绩效挂钩，如果能够持续实现或超过设定的减排目标，理论上可以维持较低的融资成本，进一步优化财务结构。

在盈利性上，通过绿色债券募集的资金，宝钢股份可以将其投入低碳技术的研发和应用中，如湛江钢铁氢基竖炉系统项目，这些项目不仅有助于实现减排目标，还有可能通过技术创新提升生产效率，从而带来长期的经济效益。

（四）小结

从社会贡献方面看，宝钢股份的这一举措不仅对自身可持续发展有积极影响，也为整个钢铁行业树立了绿色发展的标杆。通过公开透明的信息披露和绩效目标的实现，宝钢股份展示了企业社会责任，提升了公众对钢铁行业绿色转型的信心。

从可推广性方面看，宝钢股份的成功实践为其他高碳排放行业提供了可借鉴的模式,展示了如何通过金融工具推动企业实现绿色转型。这种模式具有较高的可复制性和推广性，有助于推动更多企业参与到绿色金融和低碳发展中来。

从创新性方面看，发行可持续发展挂钩债券是金融创新的一种体现，它将企业的财务表现与环境绩效直接关联，这种创新的融资方式有助于激励企业采取更加积极的环保措施，同时也为投资者提供了新的投资选择。

二、宝钢股份发行全国首单低碳转型绿色公司债券

【摘要】宝钢股份 2022 年 5 月成功发行了全国首单低碳转型绿色公司债券，债券代码为 185811.SH，简称“G22 宝钢 1”。该债券发行规模为 5 亿元人民币，票面利率为 2.68%，期限为 3 年，旨在支持宝钢湛江钢铁有限公司的氢基竖炉系统项目，以实现钢铁生产的低碳转型。截至目前项目进展顺利，募集资金已部分使用，且债券持有人会议顺利召开，审议通过了相关议案。

（一）案例背景

低碳转型绿色公司债券是一种专门用于支持企业进行低碳转型的债务融资工具。这类债券的发行旨在为企业提供资金，以支持其实施节能减排、绿色发展和应对气候变化的项目。低碳转型绿色公司债券通常要求募集资金的一定比例（如 70.00%或以上）用于低碳转型相

关的项目，这些项目可能包括但不限于节能降碳技术研发、化石能源的清洁高效利用、新型基础设施的节能降耗、园区节能环保提升等。

该债券的发行是公司践行绿色低碳发展战略，领跑钢铁行业绿色低碳转型，推进绿色金融创新的重要举措。募集资金将全部用于宝钢股份子公司湛江钢铁的氢基竖炉系统项目。该项目采用氢基竖炉低碳冶金技术，代替传统的高炉冶金流程，通过使用风能、光伏等可再生能源发电制取“绿氢”，在生产过程中基本不产生温室气体，有助于实现清洁能源的替代，对实现中国“双碳”目标具有积极意义。

（二）项目概括

表 6-2　宝钢股份低碳转型绿色公司债券信息

债券名称	宝山钢铁股份有限公司 2022 年面向专业投资者公开发行绿色公司债券（第一期）（低碳转型）
债券简称	G22 宝钢 1
债券代码	185811.SH
发行人	宝山钢铁股份有限公司
债券期限	3 年
发行总额（亿元）	5.00
还本付息方式	到期一次还本，每年付息一次
债券起息日	2022-05-24
发行时票面利率	2.68%
当期票面利率	2.68%
资金用途	募集资金拟全部投放于宝钢股份子公司湛江钢铁有限公司的氢基竖炉系统项目

该债券于 2022 年 5 月 30 日起在上海证券交易所上市，采取匹配成交、点击成交、询价成交、竞买成交、协商成交交易方式（详见表 6-2）。

2022 年 12 月 19 日至 12 月 23 日，宝钢股份召开了 2022 年面向专业投资者公开发行绿色公司债券（第一期）（低碳转型）2022 年第一次债券持有人会议，审议通过了《关于不要求发行人提前清偿债务或提供额外担保的议案》。

（三）实践效果

这是全国首单低碳转型绿色公司债券，由中信证券牵头主承销，国泰君安证券、申万宏源证券、中金公司、华宝证券联席承销。宝钢股份在债券市场的积极形象得到了市场的认可，其直接融资规模及比重不断扩大，债券发行品种及期限不断丰富。这有助于公司优化债务融资结构，保持低成本优势。

该债券募集资金投放的氢基竖炉系统项目，使用以氢代碳的氢冶金技术，用氢基竖炉低碳冶金代替常规高炉流程，以清洁能源氢能替代化石能源，在资源循环利用的基础上充分利用零碳排放的氢能，大大减少了钢铁生产环节中二氧化碳的排放。此外，氢基竖炉系统项目利用炼焦工艺的副产品，实现资源的循环利用，减少了化石能源的消耗。

通过投资湛江钢铁的氢基竖炉系统项目，宝钢股份有望显著降低碳排放，提高能源效率，这对于推动钢铁行业的绿色转型和实现环境友好型发展具有积极影响。截至 2023 年 6 月，募集资金已使用 4.20 亿元，剩余 0.80 亿元，项目进展顺利，关键线路本体上部结构进度正常。

该项目建成后，预计碳减排效果显著：（1）现有运营条件实现电炉短流程炼钢，钢坯生产碳排放相比长流程降低 65.00%；（2）项目设有二氧化碳脱除装置，为碳利用创造了条件，碳利用具备时将进一步降碳，相比长流程减少 72.00%；（3）项目具有进一步试验实现更高氢气比例的条件，进一步提高氢比例达 590.00%时可进一步降低碳排放，相比长流程减少 77.00%。

（四）小结

通过发行绿色债券，宝钢股份能够以相对较低的成本筹集资金，这有助于降低项目的总体资金成本。绿色债券通常受到环保意识较强的投资者的青睐，因此发行利率相对较低，有助于企业降低融资成本。社会贡献方面，该项目的实施不仅有助于减少环境污染，还可能推动钢铁行业的绿色转型，为其他企业提供可借鉴的经验。此外，该项目的成功实施可能会促进相关技术的研发和应用，对整个社会的环境改善和可持续发展产生积极影响。

三、河钢集团发行中国首只绿色可续期债券

【摘要】河钢集团积极响应国家绿色金融政策，于 2019 年成功发行了总额 35 亿元人民币的绿色可续期企业债券，债券分为两个品种。这些债券具有较长的期限和较低的融资成本，有助于河钢集团优化债务结构并降低融资成本。债券的募集资金主要用于节能环保技术改造项目和补充营运资金，以推动河钢集团的绿色制造水平提升。发行的绿色债券得到了市场的积极响应，显示出投资者对河钢集团绿色发展项目的信心。这一实践不仅支持了河钢集团的绿色项目，如除尘防尘、烟气脱硫、水资源处理和煤气发电等，还为整个钢铁行业的绿色转型提供了范例。河钢集团通过资本市场支持绿色发展，有助于激发更多企业参与绿色金融，推动社会向低碳、环保方向发展。

（一）案例背景

河钢集团是中国最大的钢铁企业之一，总部位于河北省石家庄市。它是由中国最大的钢铁企业之一的河北钢铁集团有限公司和其他几家企业重组而成的大型国有企业。河钢集团在钢铁生产、研发、销售以及相关服务领域拥有广泛的业务，其产品广泛应用于建筑、汽车、机械、能源、交通等多个行业。

河钢集团积极响应国家发展和改革委员会印发的《绿色债券发行指引》，支持节能减排技术改造、能源清洁高效利用、污染防治等领域发展。河钢集团不断加大环境治理和节能减排投入，推广应用行业领先的节能环保技术，提高能源资源使用和循环综合利用效率。

绿色可续期债券（green perpetual bonds）是一种特殊类型的债券，结合了绿色债券和可续期债券的特点。绿色债券是指募集资金专门用于资助环保项目或支持可持续发展目标的债券，可续期债券则是一种无固定到期日的债务工具，发行人有权在每个付息日选择是否续期债券，或者在特定条件下赎回债券。绿色可续期债券相较于普通债券通常具有更长的期限和更低的融资成本，有助于河钢集团优化债务结构，降低融资成本，同时为长期绿色项目提供稳定的资金支持。

（二）项目概括

河钢集团在 2019 年成功发行的绿色可续期企业债券分为两个品种，总额达到 35 亿元人民币。具体项目信息如表 6-3 所示。

表 6-3　河钢集团绿色可续期企业债券信息

债券名称	2019 年第一期河钢集团有限公司绿色可续期公司债券（品种一）	2019 年第二期河钢集团有限公司绿色可续期公司债券（品种二）
债券简称	19 河钢绿色可续期债 01	19 河钢绿色可续期债 02
债券代码	152209.SH	139425.SH
债券形式		实名制记账式债券
债券期限	基础期限为 4 年，每个周期末发行人有权选择将债券期限延长 1 个周期（即延长 4 年），或选择在该周期末到期全额兑付	基础期限 4 年，发行规模为 15.8 亿元，以每 4 个计息年度为 1 个周期，在每个周期末，发行人有权选择将本品种债券期限延长 1 个周期（即延长 4 年），或选择在该周期末到期全额兑付本品种债券。里面有个期权，可以选再延期一个 4 年，或者不延期
发行总额（亿元）	10 亿	15.80 亿
利息种类	附息式固定利率	附息式固定利率
付息频率	按年付息	按年付息
起息日	2019-06-03	2019-08-09
上市日	2019-08-01	2019-08-14
到期日	2023-06-03	2023-08-09

续表

债券名称	2019年第一期河钢集团有限公司绿色可续期公司债券（品种一）	2019年第二期河钢集团有限公司绿色可续期公司债券（品种二）
发行时票面利率	5.16%	4.72%
上市场所	银行间债券市场	上海证券交易所
付息日	每年的6月3日	每年的8月9日
资金用途	5亿元用于节能环保类技术改造项目，5亿元用于补充营运资金	7.90亿元用于节能环保类技术改造项目，7.90亿元用于补充营运资金

（三）实践效果

河钢集团发行绿色可续期债券收到了市场的积极反响，品种一的票面利率较市场近期同资质债券低70个基点（bps），显示出投资者对河钢集团绿色发展项目的信心和支持。绿色可续期债券能够以较低的利率发行，符合绿色金融的发展趋势，吸引了寻求环境友好型投资的投资者。这有助于河钢集团降低整体的融资成本，优化债务结构。

通过发行绿色可续期债券，河钢集团成功筹集到资金，这将直接支持其绿色发展项目，包括除尘防尘工程、烟气脱硫项目、中水及浓盐水深度处理项目、煤气资源综合利用发电项目等。这些项目将有助于河钢集团提升绿色制造水平，实现效益更佳、效率更高、消耗更低、排放更少、环境更美的绿色钢铁示范企业建设，推动整个行业的绿色转型。[①]

（四）小结

通过绿色项目的实施，河钢集团不仅能够提高资源利用效率，降低生产成本，还能通过政策优惠、税收减免等措施获得额外的经济利益。通过投资节能减排和环保项目，河钢集团不仅能够减少环境污染，提高资源利用效率，还能够为社会创造更多的绿色就业机会，提升公

① 何惠平. 聚焦绿色发展的“铁前实践”[N]. 中国冶金报，2018-09-28（3）.

众对企业社会责任的认知。长期来看，这将有助于提高集团的盈利能力和市场竞争力。

河钢集团的这一实践为其他企业提供了绿色融资的范例，展示了企业如何通过资本市场支持绿色发展，有助于激发更多企业参与绿色金融，推动整个社会向低碳、环保的方向发展。该债券的发行体现了国家政策对绿色金融的支持，同时也展示了市场机制在推动绿色发展中的作用，为未来绿色债券市场的发展提供了宝贵经验。

四、宝武碳中和股权投资基金

【摘要】由宝武钢铁集团携手国家绿色发展基金股份有限公司、中国太平洋保险（集团）股份有限公司、建信金融资产投资有限公司共同发起的宝武碳中和股权投资基金 2021 年 7 月 15 日在沪签约设立。该基金是目前国内市场上规模最大的碳中和主题基金，总规模 500 亿元，首期 100 亿元。宝武碳中和股权投资基金未来将依托宝武钢铁集团的规划布局，聚焦清洁能源、绿色技术、环境保护、污染防治等方向，参与长江经济带的转型发展，跟踪国家清洁低碳安全高效的能源体系建设，深度挖掘风、光等清洁能源潜在发展地区和投资市场上优质的碳中和产业项目，为国家经济绿色低碳高质量发展作出贡献。①

（一）案例背景

宝武钢铁集团是中国最大的钢铁企业集团之一，由原宝钢集团和武汉钢铁（集团）于 2016 年合并重组而成。宝武钢铁集团总部位于上海，是中国钢铁行业的领军企业，其业务涵盖钢铁生产、加工、销售以及相关服务，产品广泛应用于汽车、家电、建筑、能源、交通等多个领域。

在绿色金融领域，宝武钢铁集团通过发行绿色债券、设立绿色基

---

① 资料来源：https://mp.weixin.qq.com/s?__biz=MjM5NzY4ODI0MA==&mid=2650713183&idx=7&sn=1dd06329254988ab5f5700f26fa02c61&chksm=bedc2a8089aba396c0a6c149271228e62cbb9677d9834b6044828fceb19229b4554aa2a71ba7&scene=27.

金等方式筹集资金，支持其绿色发展项目。这些项目通常涉及节能减排、环保技术改造、新能源利用等，旨在推动集团及其产业链向更加环保和可持续的方向发展。

碳中和主题基金是一类专注于投资有助于实现碳中和目标项目的基金。这些基金通常投资于那些能够减少温室气体排放、提高能源效率、发展可再生能源、促进绿色技术创新等领域的企业或项目。碳中和基金的目标是支持全球应对气候变化的努力，同时为投资者提供经济回报。

在全球气候变化和环境保护的大背景下，中国政府提出了碳达峰和碳中和的宏伟目标。钢铁行业作为高能耗、高排放的行业，其绿色转型对于实现这些目标至关重要。宝武钢铁集团作为全球领先的钢铁企业，积极响应国家政策，与国家绿色发展基金股份有限公司携手，共同发起设立了宝武碳中和股权投资基金。这一举措旨在通过资本的力量，加速钢铁行业的绿色技术创新和产业升级，推动整个行业向低碳、环保的方向发展。

（二）项目概括

宝武碳中和股权投资基金是由宝武钢铁集团联合国家绿色发展基金股份有限公司、中国太平洋保险（集团）股份有限公司、建信金融资产投资有限公司共同发起设立的。宝武碳中和股权投资基金的总规模为 500 亿元人民币，这是中国钢铁行业迄今为止规模最大的绿色投资基金，首期规模为 100 亿元。[①]该基金聚焦清洁能源、绿色技术、环境保护、污染防治等方向，参与长江经济带的转型发展，并跟踪国家清洁低碳安全高效的能源体系建设，旨在深度挖掘风能、太阳能等清洁能源潜在发展地区和投资市场上优质的碳中和产业项目，以支持国家经济的绿色低碳高质量发展。该基金采用股权投资的形式，直接

① 李岚君. 中国宝武发起设立国内规模最大碳中和主题基金[N]. 中国证券报，2021-07-16（A3）.

投资于具有绿色低碳发展潜力的项目和企业，通过资本注入促进技术改造和产业升级。该基金主要投资于钢铁行业的绿色技术研究与开发、节能减排项目、清洁能源利用、循环经济建设等领域，以实现行业的绿色转型和可持续发展。

（三）实践效果

该基金通过投资优质项目，有望实现良好的投资回报，为投资人创造收益。该基金注重对低碳产业链的投资和整合，有助于培育具有国际竞争力的企业和项目，提升整个产业链的价值。该基金的设立为钢铁行业带来了新的技术解决方案和产业升级路径，推动了一系列绿色技术的应用，如氢能冶金、高效节能设备的研发等。通过投资绿色项目，该基金有助于减少钢铁生产过程中的碳排放，提升能源利用效率，促进资源的循环利用，对环境保护产生积极影响。宝武碳中和股权投资基金的设立，为其他行业提供了绿色金融的实践案例，展示了如何通过金融创新支持实体经济的绿色发展。该基金的运作得到了国家政策的支持，同时也吸引了社会资本的关注，形成了政策与市场双重驱动的绿色发展模式。

（四）小结

宝武碳中和股权投资基金不仅体现了宝武钢铁集团对国家绿色发展战略的积极响应，也为整个行业提供了新的发展方向。通过股权投资的方式，该基金直接支持了绿色技术的研发和应用，推动了钢铁行业的技术创新和产业升级。该基金将钢铁产业的实践经验与金融市场的专业投资能力结合，探索新的绿色投资模式。该基金支持的低碳技术创新项目，可能会引领钢铁行业乃至其他行业的技术革新。

宝武碳中和股权投资基金的模式可以被其他行业或地区复制，推动更多领域的绿色发展。该基金的设立和运作经验可以为国际社会提供参考，促进全球绿色投资和碳中和的合作。该基金的投资行为可能会推动形成新的行业标准，如绿色钢铁产品标准，引导整个行业向低碳方向发展。该基金的成功运作将为其他企业提供示范，激励更多企业参与绿色投资，共同推动行业的绿色转型。

五、鞍钢集团绿色金融联盟案例

【摘要】鞍钢集团财务有限责任公司（以下简称鞍钢财务公司）作为鞍钢集团的金融子企业，积极响应国家绿色金融体系建设的要求，发起并成立了绿色金融联盟。鞍钢集团与 15 家金融机构签署合作框架协议，正式成立绿色金融联盟，项目实现了“百亿级”的绿色金融投资规模，旨在打造全方位一站式绿色金融服务平台。该绿色金融联盟通过整合各方优势资源，为鞍钢集团及其子企业提供多元化的绿色融资服务，满足其在绿色发展方面的资金需求。

（一）案例背景

鞍钢财务公司是鞍钢集团的全资子公司，成立于 1998 年 4 月 18 日，总部位于辽宁省鞍山市。该公司的成立旨在为鞍钢集团提供全面的金融服务，包括资金集中管理、市场融资、资产交易、服务链条延伸、中间业务拓展以及风险管控等。鞍钢财务公司通过构建“三位一体”的金融服务平台，为鞍钢集团的转型升级和高质量发展提供金融支撑。

（二）项目概括

鞍钢集团绿色金融联盟实现了“百亿级”的绿色金融投资规模，这一规模的实现，显示了该联盟成员对绿色金融的坚定承诺和市场对绿色金融产品的高度认可。该项目支持的绿色项目，包括但不限于节能减排、清洁能源、环保技术改造等领域。这些项目旨在提高资源利用效率，减少环境污染，推动钢铁行业的技术进步和产业升级。该联盟推动了绿色项目的实施，如分布式光伏发电项目，这些项目有助于降低企业的能源成本和碳排放。通过绿色信贷平台，鞍钢财务公司协助成员单位实现项目撮合竞价，降低了融资成本，保障了项目的顺利推进。

（三）实践效果

该联盟聚焦于绿色项目，如清洁能源、节能减排、环境保护等，这些项目有助于减少环境污染，促进生态平衡，符合绿色发展的要求。通过整合多家金融机构资源，该联盟实现了资金成本的降低，为绿色项目提供了更为优惠的融资条件，这有助于项目的实施和推广。绿色金融项目虽然初期投资可能较高，但长期来看，由于其环保和节能特性，有望实现稳定的回报，对投资者和企业都有利。通过资金支持，鞍钢集团推动了一系列绿色技术的研发和应用，如 CCUS 技术，这有助于提升整个行业的技术水平和竞争力。绿色项目的实施直接减少了能源消耗和温室气体排放，对提高环境质量产生了积极影响。该联盟的成立，推动了金融产品的创新，如绿色贷款、绿色债券等，为金融机构提供了新的业务增长点。

（四）小结

该联盟整合了不同金融机构的资源，打破了传统金融服务的界限，实现了跨界合作，为绿色项目提供了更多元化的融资渠道。该联盟推动了绿色金融产品的创新，如绿色债券、绿色信贷等，这些金融工具有助于更有效地支持绿色发展。通过整合金融资源，支持绿色项目，鞍钢集团不仅提升了自身的可持续发展能力，也为整个钢铁行业的绿色发展树立了标杆。未来，随着绿色金融政策的不断完善和市场机制的成熟，预计将有更多类似的联盟和项目出现，共同推动中国经济的绿色转型。

本章小结

目前，中国钢铁行业在政策支持与标准制定、绿色金融产品创新、行业实践应用绿色金融方面已经取得了一定的进展。钢铁企业开始尝试利用绿色金融工具，如绿色债券、转型债券等，为低碳转型项目提供资金支持。例如，宝钢股份成功发行了全国首单低碳转型绿色公司债券，用于支持其子公司湛江钢铁氢基竖炉系统项目。钢铁行业内部也在积极探索绿色金融的应用，如通过绿色信贷、能效信贷等方式，推动“两高”项目绿色化改造。部分钢铁企业已经实施了超低排放改造，推动了环保技术的进步和环保产业的发展。

在资金缺口、融资难度、技术与人才挑战、市场需求与供给侧结构等方面目前存在以下突出问题。尽管有政策支持和金融产品的创新，但钢铁行业在绿色低碳转型过程中仍面临较大的资金需求。中国钢铁行业为实现碳达峰和碳中和，2030—2060 年需要 19 万亿元资金支持。钢铁行业在绿色转型过程中，需要先进的技术和专业的人才支持。目前，部分企业在研发实力和人才储备方面存在短板，这制约了行业整体的绿色转型进程。钢铁行业在推动绿色转型的同时，也面临着市场需求不振的挑战。行业需要通过供给侧结构调整，如兼并重组、淘汰落后产能等措施，以适应市场需求变化，促进行业健康发展。

钢铁行业作为高耗能、高排放的典型代表，其绿色低碳转型面临着巨大的资金需求和挑战。根据中国钢铁工业协会的数据，钢铁行业的超低排放改造投资累计已超过 2,000 亿元人民币，预计未来几年仍需大量资金投入。传统高碳排放行业的企业在获取绿色金融支持时仍面临一定的困难。金融机构在评估这些项目的绿色属性和风险时可能持谨慎态度，导致融资成本较高。

在这样的背景下，转型金融成为支持钢铁行业低碳转型的重要金融工具。中国政府高度重视绿色金融在推动钢铁行业低碳转型中的作用，出台了一系列政策支持绿色金融发展。例如，工业和信息化部牵头组织了钢铁行业转型金融标准研究工作，初步形成了 9 类 39 项标准，旨在引导金融机构创新转型金融产品和服务，扩大对传统行业绿色改造的投入。

绿色金融主要关注支持环保、节能减排、清洁能源等领域的项目，而转型金融更侧重于支持高碳行业向低碳或零碳转型的过程。对于钢铁行业来说，转型金融可能更加恰当，因为它不仅关注现有的绿色项目，还支持那些正在进行结构性调整和技术创新以减少碳排放的企业和项目。

转型金融的应用可以更全面地支持钢铁行业的低碳转型，它不仅支持绿色项目，还支持那些正在进行转型的高碳行业。转型金融工具如转型债券，可以为钢铁企业提供更灵活的融资方式，帮助它们在不限制资金用途的情况下，实现整体的低碳转型目标。此外，转型金融还可以通过设定与《巴黎协定》相符的绩效目标，激励企业采取更积极的减排行动。

总的来说，钢铁行业在利用绿色金融的同时，更应积极探索和应用转型金融，以更有效地支持其低碳转型和可持续发展。

第七章　绿色金融与其他行业绿色转型案例分析

中国已经建立了全国碳排放权交易市场，并在 2021 年 7 月 16 日正式启动。最初，全国碳市场主要覆盖电力行业，尤其是火力发电行业。随后，中国计划逐步扩大碳市场的覆盖范围，将更多的高碳排放行业纳入其中。根据中国政府的规划和相关政策文件，未来纳入全国碳排放交易市场的高碳行业还包括钢铁行业、建材行业、有色金属行业、石化行业、化工行业、造纸行业、航空行业。

不同行业在应用绿色金融时，由于其产业特性、发展阶段、环境影响程度以及技术进步空间等方面的差异，实践中确实存在区别。建材行业尤其是水泥生产，是典型的高能耗、高排放行业。在绿色金融的应用上，可能会侧重支持能效提升、余热回收、废弃物资源化利用等技术改造项目。例如，中国建材集团通过绿色信贷支持太阳能装备用光伏电池封装材料配套项目的二氧化碳捕集提纯，显著降低了二氧化碳排放量。有色金属行业在绿色金融的支持下，可能会推进冶炼过程的节能减排、循环经济模式的建立以及清洁生产技术的应用。例如，通过绿色信贷支持企业采用先进的冶炼技术，减少能源消耗和污染物排放。造纸行业在绿色金融的应用上，可能会侧重废水处理、废气治理、废纸回收等环保项目。绿色金融可以帮助企业投资先进的污水处理设施，提高水资源的循环利用率，减少环境污染。航空行业在绿色金融的支持下，可能会关注飞机燃油效率的提升、生物燃料的研发以及航空器的绿色设计。例如，通过绿色债券筹集资金，用于购买更节能的飞机或研发新型航空燃料。化工行业在绿色金融的应用中，可能会侧重生产过程中的节能减排、废弃物的无害化处理以及绿色化学品的研发。绿色金融可以支持企业采用清洁生产技术，减少有毒有害物质的排放，提高资源利用效率。

在实践中，绿色金融工具的选择和应用策略需要根据各行业的特点和需求进行定制化设计，以确保资金的有效利用和绿色转型目标的实现。同时，绿色金融的发展也需要与行业政策、技术进步和市场需求紧密结合，形成推动高碳行业绿色转型的合力。

第一节　绿色信贷与其他行业绿色转型案例

一、中国建材集团绿色减排项目

【摘要】由中国农业银行合肥经济技术开发区支行作为牵头行，中国建材集团财务有限公司作为参加方，共同向中建材（合肥）新能源有限公司“太阳能装备用光伏电池封装材料配套项目年产 5 万吨二氧化碳捕集提纯绿色减排示范项目”提供银团贷款。这笔绿色碳捕集银团贷款不仅促进了太阳能装备用光伏电池封装材料的生产，还显著降低了二氧化碳排放，为建材行业的绿色转型提供了示范。

（一）案例背景

中国建材集团是中国最大的综合性建材产业集团之一，也是全球建材行业的领军企业。中国建材集团成立于 1984 年，总部位于北京，主要从事建筑材料的研发、生产、销售和服务，业务涵盖水泥、玻璃、新型建材、工程技术服务等多个领域。在全球气候变化和国家“双碳”目标的背景下，中国建材集团积极响应政策号召，推动集团及行业的绿色低碳转型。为此，由中国农业银行合肥经济技术开发区支行作为牵头行，中国建材集团财务有限公司作为参加行，为中建材（合肥）新能源有限公司“太阳能装备用光伏电池封装材料配套项目年产 5 万吨二氧化碳捕集提纯绿色减排示范项目”提供银团贷款。中国建材集团财务有限公司与中国农业银行合肥经济技术开发区支行合作，成功向中建材（合肥）新能源有限公司发放了首笔绿色碳捕集银团贷款。

（二）项目概括

该银团贷款资金将用于“太阳能装备用光伏电池封装材料配套项目年产 5 万吨二氧化碳捕集提纯绿色减排示范项目”。该项目采用变压吸附耦合吸附精馏的创新工艺，将玻璃熔窑烟气中的二氧化碳转化为高纯度液态二氧化碳，达到了国家食品级标准，这在玻璃行业中是首创的技术。该项目获得了银团贷款支持，有助于降低资金成本，提高项目的财务可行性。通过提高能源利用效率和减少碳排放，该项目有望降低运营成本，从而提高盈利性。

（三）实践效果

该项目建成后，预计能够实现二氧化碳排放总量减少 45.00%，年减排 5 万吨。这对于推动建材行业实现国家“双碳”目标具有重要意义，同时也为全国二氧化碳减排产生了示范效应。该项目在技术、建设和运营管理等方面为建材行业的低碳、绿色发展积累了宝贵经验。特别是在玻璃行业回收利用二氧化碳方面，开创了先河，这对于整个建材行业的技术进步和绿色转型具有引领作用。

（四）小结

该项目的成功实施为玻璃行业提供了新的碳捕集和利用模式，有助于推动整个行业向绿色、低碳转型。作为国家级智能制造试点示范，该项目展示了建材行业在智能制造领域的先进水平，对提升行业整体竞争力有积极影响。中国建材集团财务有限公司的绿色信贷案例不仅有助于企业实现绿色转型，还为其他行业提供了可借鉴的经验，推动了整个社会向低碳、绿色发展模式转变。通过这样的绿色信贷项目，中国建材集团不仅在财务上支持了环保项目，也在实践中推动了绿色技术和可持续发展理念的实施，为实现国家“双碳”目标贡献了力量。

二、中国农业银行湖州“绿色金融制造贷”

【摘要】中国农业银行湖州分行积极响应国家绿色发展战略，推出“绿色项目提速贷”“亩均贡献提效贷”“绿色工厂提升贷”“绿色工业碳效贷”等产品，这些产品旨在支持先进制造业企业的绿色工厂建设和产业升级，不仅帮助企业解决了融资难题，还推动了当地产业结构的优化和绿色转型，为实现可持续发展目标提供了金融支持。这些产品通过创新的融资模式和优惠政策，有效促进了先进制造业的“扶优、提质、增绿”，助力绿色经济的高质量发展。

（一）案例背景

湖州是“两山”理念的发源地，这一理念强调生态保护与经济发展的和谐共生，即“绿水青山就是金山银山”。作为全国绿色金融改革创新试验区，湖州在推动绿色金融发展方面具有显著的地理和政策优势。中国农业银行湖州分行积极响应这一理念，通过金融创新，为当地企业提供一系列绿色金融产品和服务，以支持绿色产业的发展和企业的绿色转型。中国农业银行湖州分行的这些举措不仅有助于推动当地经济的绿色发展，也为其他地区提供了绿色金融创新的范例。通过这些绿色金融产品和服务，中国农业银行湖州分行在支持企业绿色化改造的同时，也促进了当地生态文明建设和绿色经济的高质量发展。

（二）项目概括

中国农业银行湖州分行“绿色金融制造贷”主要包括以下四类信贷品种。

（1）绿色项目提速贷。这种贷款产品设计的目的是鼓励和支持企业加快绿色项目的建设进度，特别是能源效率提升、清洁能源开发、环保技术应用等领域的项目。该产品优先考虑那些能够在较短时间内投产的绿色项目，特别是那些投资规模在亿元以上的项目。贷款利率与项目投产时间成反比关系，即项目投产时间越早，企业能够享受到的利率优惠越大。例如，1 年内投产的项目可以享受基准利率下浮

10.00%的优惠，18 个月内投产的项目享受下浮 8.00%，2 年内投产的项目享受下浮 5.00%。这种利率优惠机制有效地激励企业加快项目建设，提高资金使用效率，同时也有助于企业降低融资成本，增强项目的财务吸引力。①

（2）亩均贡献提效贷。该产品以企业亩均税收为依据，为纳税大户提供信用贷款，鼓励企业提高土地利用效率。A 类纳税企业可享受利率下浮 10.00%，B 类下浮 5.00%。这种贷款方式打破了传统以销售、利润为依据的测算方法，引导企业走高产集约发展之路。

（3）绿色工厂提升贷。该产品支持四星级以上的“绿色工厂”或有星级提升需求的三星级“绿色工厂”进行绿色化改造。根据企业的绿色星级，提供差异化的融资利率和贷款额度，帮助企业提升绿色制造水平。

（4）绿色工业碳效贷。该产品以“碳效码”为载体，主要面向碳效管理良好的亩均 B 类及以上工业企业或绿色工厂，满足其碳效提升等生产经营过程的合理资金需求。通过这种方式，中国农业银行湖州分行鼓励和促进企业进行绿色低碳化发展，帮助企业实现节能减排，推动工业领域实现碳达峰、碳中和目标。

（三）实践效果

1.“绿色项目提速贷”实践效果

浙江正轩精密零部件有限公司是一家主营数控机床精密零部件加工的高新技术企业。2021 年 7 月，该公司计划投资 24 亿元，通过购置激光机、折弯机等生产设备及辅助设备，建设年产 1.50 万台（套）数控机床精密零部件的项目。年产 1.50 万台（套）数控机床精密零部件项目是浙江省重点建设项目之一，也是长兴县“大好高”项目之一，对于推动当地经济发展和产业升级具有重要意义。在项目启动之初，

① 董玉山. 有了“绿企贷”企业越绿越受益——湖州绿色金融创新有力促进先进制造业扶优、提质、增绿[N]. 中国环境报，2020-04-21（7）.

浙江正轩精密零部件有限公司面临资金瓶颈，需要融资支持以确保项目的顺利进行。中国农业银行湖州分行在得知该公司的融资需求后，迅速成立了由分行、县支行、支行三级联动的专项营销小组，以确保能够为该公司提供及时有效的融资支持。[①]中国农业银行湖州分行通过“绿色项目提速贷”产品，成功为该公司授信 2.80 亿元，并提供了 5 年期以上基准利率下浮 10.00%的优惠。得益于中国农业银行湖州分行的金融支持，浙江正轩精密零部件有限公司的项目得以快速推进。2021 年，中国农业银行湖州分行为该公司发放了入园前期贷款 4,700 万元，审批流程仅用时一周。2022 年，中国农业银行湖州分行、长合区管理委员会、长兴县不动产登记中心通过“三方联动”，成功助力企业完成在建工程抵押贷款，再次为该公司发放项目贷款 6,700 万元。这些贷款支持不仅解决了该公司的燃眉之急，还加速了项目的建设进度，确保了项目能够按计划进行。中国农业银行湖州分行的这一举措受到了政府和企业的好评，同时也体现了其在支持绿色项目和实体经济发展方面的积极作用。

2.“亩均贡献提效贷”实践效果

浙江鼎力机械股份有限公司是一家专注于高空作业平台的龙头企业，产品远销全球 80 多个国家和地区。在国内外环境的双重影响下，企业面临转型压力，计划推进扩建项目以适应市场变化，但资金成为其发展的一大难题。中国农业银行湖州分行在了解到浙江鼎力机械股份有限公司的融资需求后，立即组织由分行行长和湖州市税务局局长带队的银税业务专家团队，对该公司进行了实地考察。鉴于该公司在当地纳税“亩均英雄”榜单上的优异表现，中国农业银行湖州分行决定以信用方式为该公司提供 2 亿元人民币的授信，并减免相关费用。

根据中国农业银行湖州分行推出的“亩均贡献提效贷”产品，企业可以根据其亩均税收来确定贷款额度。作为 A 类纳税企业，浙江鼎

① 金宇叶.“绿色项目提速贷”助企快达产[N]. 湖州日报，2022-07-22（6）.

力机械股份有限公司享受到了最低基准利率下浮10.00%的优惠。这一政策打破了传统的以销售、利润为依据的贷款测算方法，转而依据企业的纳税贡献来提供差异化的信用贷款额度和优惠利率。

通过“亩均贡献提效贷”，浙江鼎力机械股份有限公司成功获得了必要的资金支持，为其扩建项目提供了强有力的保障。这一举措不仅帮助企业解决了资金问题，还鼓励了更多企业通过提高亩均税收来争取更多的金融支持，从而走上高产集约的发展道路。中国农业银行湖州分行的这一创新做法得到了当地政府和企业的广泛认可，被视为金融机构助企惠企的新典范。

3.“绿色工厂提升贷”实践效果

栋梁铝业有限公司是一家致力于绿色发展的企业，专注于铝材加工和制造。为了进一步提升企业的绿色制造水平，公司计划进行绿色化、清洁化、节能节水改造，以创建更高星级的“绿色工厂”。为了实现这一目标，栋梁铝业有限公司需要资金支持来推动星级提档升级，特别是在绿色工厂的创建和改造方面。中国农业银行湖州分行了解到栋梁铝业有限公司的需求后，提供了“绿色工厂提升贷”产品，为该公司带来了4,500万元的低息贷款。这一贷款不仅为该公司的星级提档升级提供了资金支持，还帮助其享受到了相应的政策优惠。中国农业银行湖州分行的“绿色工厂提升贷”根据企业的星级等级，在融资利率、贷款额度、办理时间等方面提供差异化服务，以满足企业提档升级的具体需求。在“绿色工厂提升贷”的支持下，栋梁铝业有限公司成功提升了其绿色工厂的星级，享受到了更高的政策优惠。这一举措不仅提升了该公司的绿色制造水平，还激励了当地更多企业参与绿色工厂建设，推动了整个地区的绿色发展。

4.“绿色工业碳效贷”实践效果

在实际操作中，中国农业银行湖州分行会根据企业的碳效等级和ESG评分，给予相应的贷款支持和利率优惠。例如，新凤鸣集团湖州中石科技有限公司就是该产品的受益者之一。在中国农业银行湖州分行的帮助下，该公司完成了转型升级、碳效等级提升，预计每年可减少 2.60 万吨二氧化碳排放，增加收益约 5,000 万元。这些节能技改项目不仅推动了该公司的高质量发展，也为生态环境带来了积极影响。中国农业银行湖州分行通过“绿色工业碳效贷”产品，已经成功支持了近 80 家企业，贷款金额超过 11 亿元，显著促进了当地绿色制造体系的建设。这一举措体现了国有银行在探索绿色金融发展、支持实体经济和推动绿色低碳转型方面的先行担当。

中国农业银行湖州分行通过“绿企贷”产品，新增审批授信 352 户，授信金额达到 56.47 亿元人民币，为 250 余户企业减少利息支出 2,000 余万元。这些贷款不仅解决了企业的资金瓶颈，还促进了企业的绿色转型，提高了企业的环保意识和生产效率。例如，浙江旺能环境股份有限公司通过“绿色项目提速贷”快速投产垃圾发电项目，有效提升了绿色制造水平。

（四）小结

中国农业银行湖州分行的绿色金融产品实践表明，金融创新能够有效支持绿色产业发展，促进企业绿色转型。通过与当地政策相结合，中国农业银行湖州分行不仅为企业提供资金支持，还通过利率优惠等激励措施，推动了绿色经济的高质量发展。这些实践不仅有助于实现企业的可持续发展，也为湖州地区的生态文明建设和绿色发展做出了积极贡献，展现了中国农业银行在绿色金融领域的领导力和创新力。

三、中国邮政储蓄银行公益林补偿收益权质押贷款

【摘要】中国邮政储蓄银行在绿色金融领域推出了创新的公益林补偿收益权质押贷款产品，旨在支持林业发展和生态保护。这一产品的设计是为了解决林业经营者在发展过程中面临的融资难题，特别是对于那些拥有公益林补偿收益权的林业经营者。通过将这些收益权作为质押，中国邮政储蓄银行能够向经营者提供贷款，帮助他们获得必要的资金支持，用于林业的经营和发展。

（一）案例背景

在全球气候变化和生态环境恶化的背景下，中国政府提出了生态文明建设的战略目标，强调绿色发展和生态保护的重要性。中国邮政储蓄银行积极响应国家政策，结合自身业务特点，创新金融产品和服务，推出了公益林补偿收益权质押贷款，以支持林业经营者在保护生态的同时，实现经济效益的提升。肇庆市作为国家森林城市，拥有丰富的林地资源，其中生态公益林面积占林地面积的30.40%，因此选择肇庆作为试点地区具有典型示范意义。中国邮政储蓄银行肇庆分行通过中国人民银行“中征应收账款融资服务平台”成功发放了这笔贷款，旨在缓解林业融资难、融资贵的问题，促进生态保护与经济发展的共赢。

（二）项目概括

广东首笔公益林补偿收益权质押贷款是在肇庆市进行试点的。这笔贷款由中国邮政储蓄银行肇庆分行发放，金额为7.30万元，受益者是肇庆市高要区小湘镇上围村的村民吴汉兴。这笔贷款是广东省首笔生态公益林补偿收益权质押贷款，标志着中国邮政储蓄银行在绿色金融领域的一次创新尝试。

中国邮政储蓄银行的公益林补偿收益权质押贷款根据公益林的面积、补偿标准和预期收益来确定贷款额度，确保贷款金额既能满足林业经营者的资金需求，又能保证贷款的安全性。公益林补偿收益权质押贷款的额度通常不会超过公益林补偿年收入的一定倍数，贷款期限会根据林业生产周期来设定，以确保贷款的可持续性。此外，为了鼓励绿色金融的发展，这类贷款会享受一定的利率优惠，甚至在符合条件的情况下，可以申请政府的贴息支持。贷款主要用于公益林的种植、养护、管理以及相关的生态修复工程。通过这些资金支持，林业经营者可以改善公益林的生态环境，提高森林覆盖率，增强碳汇能力，同时也为当地社区创造就业机会。

（三）实践效果

这笔贷款的发放，不仅解决了村民吴汉兴因缺乏资产抵押而难以获得资金支持的问题，还通过提高贷款额度，放大了财政补偿资金的杠杆作用，有助于推动林业经济的发展和美丽乡村建设。中国邮政储蓄银行肇庆分行的这一绿色金融产品，综合考虑了借款人的信用程度、经营状况、资金用途等因素，最高可发放相当于年度公益林补偿款 7 倍的贷款金额，为林业经营者提供了灵活便捷的融资方式。

中国邮政储蓄银行的公益林补偿收益权质押贷款项目取得了显著成效。首先，它为林业经营者提供了稳定的融资渠道，解决了他们在生态保护和林业发展中的资金问题。其次，通过贷款支持，公益林的种植和养护得到了加强，生态环境得到了有效改善，碳汇能力得到提升。此外，该项目还带动了当地经济发展，增加了农民收入，促进了社会和谐稳定。

（四）小结

中国邮政储蓄银行的公益林补偿收益权质押贷款项目不仅体现了金融机构在支持生态保护和绿色发展方面的社会责任，也为其他金融机构提供了可借鉴的模式。通过这种创新的金融产品，中国邮政储蓄银行有效地将金融资源与生态保护相结合，推动了林业可持续发展，实现了经济、社会和环境的多赢局面。未来，中国邮政储蓄银行可以继续探索和完善此类绿色金融产品，为生态文明建设贡献更多力量。

四、贵州银行“土地复垦绿色贷款”

【摘要】贵州银行创新推出“土地复垦绿色贷款”产品，该产品旨在支持贵州省内的耕地占补平衡项目，通过提供资金支持，帮助地方政府和相关企业实施土地整治，包括土地复垦、拆迁、补偿等支出。这种贷款模式不仅有助于解决耕地保有量不足的问题，确保建设用地的需求，而且还通过土地整治提高了耕地质量，促进了生态修复，有助于实现土地的集约化和可持续利用。此外，“土地复垦绿色贷款”还带动了当地农户增收，助力脱贫攻坚。在土地整治过程中，贵州银行累计支付了大量的拆迁补偿费，惠及大量农户，同时也为农村务工人员提供了就业机会。这些措施不仅提升了当地居民的生活水平，还有助于推动地方经济社会的平稳发展。

（一）案例背景

贵州省地貌以山地和丘陵为主，耕地面积有限，且耕地质量较差。随着经济社会的发展，建设用地需求增加，土地整治成为提升耕地质量和增加农业生产效益的迫切需求。贵州省面临耕地资源稀缺和建设用地需求增长的双重压力。为了响应国家耕地占补平衡政策和贵州省委、省政府的“三大战略”，贵州银行结合当地实际情况，推出了“土地复垦绿色贷款”，旨在通过金融手段支持土地整治项目，提高耕地质量，增加耕地面积，同时促进生态保护。

（二）项目概括

贵州银行通过“订单融资”模式，为土地整治项目提供流动资金贷款，支付施工方进行复垦、拆迁等支出。贷款金额控制在新增结余指标的土地整理成本内，还款来源包括土地整理成本和新增结余指标的交易收益。截至 2019 年末，贵州银行累计审批土地复垦贷款 76.50 亿元，已投放贷款 62.10 亿元。贷款主要用于支付土地复垦、拆迁、补偿等支出，以及土地整治项目中的复垦、灌溉、排水、田间道路建设等。

（三）实践效果

通过土地复垦项目，累计支付拆迁补偿费 42.40 亿元，惠及 5.80 万户共 20.80 万人口，带动农村务工人数 6 万人；整理土地 45.40 万亩，新增耕地面积 28.49 万亩，提高了耕地质量，减少了水土流失，提升了生态功能。贵州银行的绿色贷款余额达到 181.80 亿元，绿色贷款占比 13.40%，土地复垦贷款业务显著提升了银行的品牌形象和市场竞争力。项目通过土地整治，提高了耕地质量，增强了土壤保水保肥能力，降低了水土流失，提高了粮食产能，实现了土地节约集约和可持续利用。同时，通过土地整治项目的实施，为地方政府带来了可观的经济收益，预计可实现土地流转收入近 200 亿元。该项目不仅促进了生态修复，还带动了农户增收，助力脱贫攻坚，实现了绿色发展与经济效益的双赢。该项目适用于耕地保有量较少、农村建设用地实施规划拆建的地区。需要建立完善的用地指标交易市场体系，确保土地复垦新增用地指标能够实现跨区域调剂使用，交易价格合理，收益分配机制更加完善。

（四）小结

贵州银行的“土地复垦绿色贷款”案例展示了绿色金融在支持地方经济发展和生态保护中的重要作用。通过这一创新金融产品，贵州银行不仅解决了土地资源的紧张问题，还促进了当地农业的可持续发展，提高了农民收入，同时为其他地区提供了可借鉴的绿色金融实践模式。

贵州银行的这一创新实践体现了金融机构在支持地方经济发展、促进生态文明建设中的积极作用，同时也展示了绿色金融在推动经济结构转型和可持续发展中的重要作用。通过这样的金融产品，贵州银行不仅支持了贵州省的绿色发展战略，也为其他地区提供了可借鉴的经验。

第二节　非绿色信贷与其他高碳行业绿色转型案例

一、中国石化权益出资型碳中和债券

【摘要】中国石化在 2021 年 4 月 2 日成功发行了国内油气行业首只权益出资型碳中和债券，这是中国石化在绿色金融领域的一次创新尝试。这笔 11 亿元人民币的债券，期限为 3 年，募集的资金将专门用于支持公司的光伏、风电、地热等绿色能源项目。这些项目预计将实

现显著的环境效益，包括每年减排二氧化碳 36.28 万吨，节约标准煤 15.62 万吨，以及减少二氧化硫、氮氧化物和烟尘的排放。

（一）案例背景

中国石化是中国最大的石油化工企业之一，其业务涵盖石油、天然气、化工、新能源等多个领域。中国石化成立于 1998 年，是在原中国石油化工总公司的基础上重组成立的特大型石油石化企业集团，是国家出资设立的国有公司、国家授权投资的机构和国家控股公司。此次发行绿色债券是中国石化在绿色金融领域的一次重要实践，也是其履行社会责任、推动绿色发展的具体行动。

（二）项目概括

该笔债券融资规模共计 11 亿元人民币，发行期限为 3 年。募集资金将专项用于中国石化在全国各地布局的 70 余项新能源项目，包括光伏发电、风力发电和地热供暖等。这些项目旨在利用可再生能源，减少对化石燃料的依赖，降低温室气体排放，实现能源结构的优化。

（三）实践效果

此次绿色债券的发行，得到了市场的积极响应，显示出投资者对中国石化绿色转型和新能源项目的信心。这不仅为其带来了必要的资金支持，也提升了其在资本市场的形象。通过投资光伏、风电和地热等项目，中国石化有望显著降低运营过程中的碳排放量，有助于实现国家设定的碳中和目标。同时，这些项目还将促进当地经济发展，提供清洁能源，改善能源结构。中国石化的这一行动为其他油气企业提供了绿色金融的范例，可能会激励更多企业参与到绿色债券的发行中来，共同推动整个行业的绿色发展。

（四）小结

中国石化发行的权益出资型碳中和债券是中国油气行业在绿色金融领域的一次重要突破。这一举措不仅为公司自身的绿色发展提供了资金支持，也为整个行业树立了积极的榜样。通过投资新能源项目，中国石化不仅能够实现自身的可持续发展，还能够为全球减排目标做出贡献。这一实践表明，大型国有企业在推动绿色金融和应对气候变化方面具有重要作用，同时也为其他企业提供了可借鉴的经验。随着全球对绿色发展需求的不断增长，预计未来将有更多类似的绿色金融产品出现，共同推动全球经济的绿色转型。

二、广州地铁集团地铁客运收费收益权绿色资产证券化项目

【摘要】广州地铁集团地铁客运收费收益权绿色资产证券化（ABS）项目是中国首单以地铁客运收费收益权为基础资产的绿色资产支持证券。该项目不仅创新性地将地铁企业的主营业务收益作为证券化的基础资产，而且获得了绿色债券评估机构的双认证，成为市场上罕见的“双绿色”储架资产证券化产品。该项目的成功实施，不仅为广州地铁集团提供了新的融资渠道，降低了融资成本，还对推动绿色金融创新和支持绿色公共交通体系构建产生了积极影响。

（一）案例背景

广州地铁集团是广州市国有资产监督管理委员会全资下属企业，负责广州城市轨道交通系统的建设和运营管理。随着多条地铁线路的建设和运营，广州地铁集团面临着巨大的资金需求压力。为了寻求创新的融资模式，广州地铁集团决定利用其客运收费收益权作为基础资产，发行绿色资产支持证券，以拓宽融资渠道并降低融资成本。

（二）项目概括

广州地铁集团的绿色 ABS 项目分为两期发行。第一期于 2019 年 3 月发行，规模为 31.58 亿元人民币；第二期于同年 9 月发行，规模为 18.42 亿元人民币。两期产品的发行利率均创下了同期收益权资产证券化产品的新低。所筹集的资金主要用于广州地铁的运营和建设，包括地铁线路的维护、升级以及新线路的建设，以支持广州市绿色公共交通体系的发展。该项目采用创新的交易结构，包括基础资产的界定、现金流回收路径的设置以及增信措施的安排。第一期产品通过结构化设计，实现了优先级资产支持证券的 AAA sf 级评级，并设计了回售

和回购条款。第二期产品则根据线路经营现金流特点，调整了资产支持证券的期限结构，以满足投资者需求。

（三）实践效果

两期绿色 ABS 的成功发行，有效解决了广州地铁集团的资金需求，降低了其财务成本，同时通过不同的分层结构满足了不同类型投资者的投资需求。该项目的实施加强了广州地铁的融资灵活性，有力支持了广州市绿色公共交通体系的构建，提升了广州作为国家中心城市和粤港澳大湾区核心城市的集聚和辐射功能。广州地铁集团绿色债券的成功发行引起了社会和媒体的广泛关注，被视为广州市重大项目融资创新的重要示范。

（四）小结

广州地铁集团的绿色 ABS 项目展示了如何通过创新金融工具来解决基础设施建设的资金需求，同时推动绿色金融发展。该项目的成功不仅为广州地铁集团带来了直接的经济利益，也为其他城市地铁企业提供了可借鉴的经验。未来，随着政策支持和市场认可度的提升，绿色 ABS 有望在更多城市和领域得到推广，进一步促进绿色金融体系的完善和发展。

三、赣州银行绿色金融债券

【摘要】赣州银行在 2023 年 11 月成功发行了绿色金融债券，发行规模 30 亿元，期限 3 年，发行票面利率 2.88%。这是赣州银行继 2020 年成功发行 30 亿元 3 年期绿色金融债券后，再次在资本市场募集资金，专项用于践行“双碳”目标，赋能绿色产业发展。这是该银行积极响应国家绿色发展战略、支持绿色产业和可持续发展的重要举措。

（一）案例背景

赣州银行股份有限公司成立于 2001 年，注册资本超过 39 亿元人民币，原名赣州市商业银行股份有限公司，是在原赣州市 2 家城市信用合作社的基础上筹建而成。随着全球对环境保护和可持续发展的重视日益增强，绿色金融成为金融行业的重要发展方向。赣州银行抓住这一机遇，决定发行绿色金融债券，以筹集资金支持绿色产业项目，推动经济结构的绿色转型。

（二）项目概括

赣州银行于 2023 年 11 月 16 日发行赣州银行 2023 年绿色金融债券，本期债券为 3 年期固定利率品种，最终发行规模为 30 亿元。具体发行信息见表 7-1。

表 7-1 赣州银行 2023 年绿色金融债券发行信息[①]

债券名称	赣州银行股份有限公司 2023 年绿色金融债券
债券简称	23 赣州银行绿色债
债券代码	2320058
债券类型	普通金融债
发行人	赣州银行股份有限公司
债券发行日	2023-11-16
到期兑付日	2026-11-20
债券期限	3 年
发行总额（亿元）	30 亿元
息票类型	附息式固定利率
债券起息日	2023-11-20
票面利率	2.88%
资金用途	募集资金将全部用于符合《绿色债券支持项目目录》规定的绿色产业项目，包括但不限于碳中和项目，以支持清洁能源、节能减排、环保技术等领域的发展

该债券采用簿记建档方式发行，由中信建投证券股份有限公司作为牵头主承销商，中信证券股份有限公司和北京农村商业银行股份有

① 资料来源：https://www.chinamoney.com.cn/chinese/zqjc/?bondDefinedCode=jdbaa9zy0n.

限公司作为联席主承销商。赣州银行绿色金融债券发行后在市场上取得较好反响，簿记当日市场机构投标活跃，合计有效投标量 66.45 亿元，全场倍数 4.43 倍，边际倍数 4.97 倍，发行票面利率创江西省内法人商业银行金融债券发行利率新低。本次金融债券的发行，对提升赣州银行的品牌影响力，改善赣州银行的负债结构，推动绿色产业的发展具有积极作用。

（三）实践效果

赣州银行以此次绿色金融债券发行为契机，持续加大绿色金融服务力度，加大绿色信贷投放，用好用实绿色金融债券募集资金，将资金主要投向节能环保产业、清洁生产产业、清洁能源产业、生态环境产业、基础设施绿色升级五大产业领域，全面助力地方经济社会高质量发展和“双碳”目标的实现。

赣州银行绿色金融债券的发行，不仅为银行自身带来了资金支持，而且对推动当地乃至全国的绿色产业发展产生了积极影响。通过这次发行，赣州银行展示了其对绿色金融的承诺，提升了银行品牌形象，同时也为投资者提供了参与绿色投资的机会。此外，该债券的成功发行还有助于银行优化负债结构，降低融资成本，增强市场竞争力。

（四）小结

赣州银行绿色金融债券的发行是一次成功的金融创新实践，它不仅体现了银行对社会责任的承担，也为其他金融机构提供了绿色融资的范例。通过这种方式，赣州银行不仅能够支持绿色产业的发展，还能够吸引更多关注可持续发展的投资者，推动整个金融行业的绿色转型。未来，赣州银行有望继续在绿色金融领域发挥引领作用，为实现可持续发展目标贡献力量。

四、中国人寿“农业气象巨灾指数保险”

【摘要】本案例分析了中国人寿财险福建省分公司在泉州市推出的“农业气象巨灾指数保险”项目。该项目旨在通过保险机制，为泉州农业产业提供风险保障，特别是在面对低温和台风等气象巨灾时，能够迅速提供资金支持，帮助受灾农户和农业企业恢复生产。这一创新保险模式不仅提高了灾后理赔效率，还有效放大了政府财政救灾资金的效益，增强救灾资金的灵活性，为泉州乡村振兴战略的实施提供了坚实的保障。

（一）案例背景

泉州市位于中国东南沿海，是一个农业产业发达的地区。然而，该地区频繁受到低温和台风等极端天气的影响，这些气象巨灾对农业生产造成了严重的损失。为了应对这些风险，泉州市农业农村局在 2022 年 9 月为全市农业产业投保了“农业气象巨灾指数保险”，以推进乡村振兴创新示范区建设及政府灾害救助和应急管理体系建设。

（二）项目概括

中国人寿财险泉州市中心支公司承保了这一项目，累计为泉州全市农业产业提供了 1,500 万元的低温和台风气象巨灾风险保障。赔款将用于为恢复受灾农户、农业合作社及农业企业的农业生产而支出的灾后施救费用。当气象站观测到的气象灾害指数达到或超过设定标准时，视为发生保险事故，保险公司根据约定标准进行赔偿。

（三）实践效果

与传统保险相比，“农业气象巨灾指数保险”具有“触发即赔”的优势，简化了理赔查勘环节，极大地提高了灾后理赔效率。该保险项目通过费率杠杆作用，有效放大了政府财政救灾资金的效益，确保了在气象灾害发生后，政府部门能第一时间获得理赔款，迅速开展灾后施救工作，[①]解决了财政预算中“无灾不能用，有灾不够用”的问题，提升了政府灾后救助能力和效率。该保险项目的落地，不仅提升了泉州地方政府灾后救助效率，还增强了农户抵御自然灾害的能力，为泉

① 陈衍水，蔡莹莹. 泉州农业巨灾天气指数保险助力乡村振兴[N]. 农村金融时报，2022-10-10（A8）.

州农业产业发展和农户增收提供了支持。

（四）小结

中国人寿财险福建省分公司推出的“农业气象巨灾指数保险”项目，是保险业服务乡村振兴战略的一次成功实践。它不仅为泉州市农业产业提供了有效的风险管理工具，还通过保险机制的创新，提高了政府灾害救助的效率和灵活性。这一模式的成功实施，为其他地区提供了可借鉴的经验，有助于推动全国范围内农业保险体系的完善和发展，进一步增强农业产业的抗风险能力，保障农民的生产生活，促进农业可持续发展。

五、顺泰租赁绿色惠农资产支持专项计划

【摘要】顺泰租赁通过与兴证证券合作，成功发行了兴业圆融-顺泰租赁绿色惠农资产支持专项计划，总规模达到 1.37 亿元人民币。这一创新举措旨在减轻农户购置光伏设备的资金压力，推动绿色光电设施在农村地区的普及，助力乡村振兴战略。该计划不仅体现了绿色金融的实践，也展示了金融服务在支持农业现代化和可持续发展方面的积极作用。

（一）案例背景

顺泰租赁作为常高新集团的核心业务板块，一直致力于探索和推动绿色金融与农业发展的结合。2017 年，顺泰租赁与天合光能等企业合作，推出了“天顺宝”产品，旨在为农村地区提供分布式户用光伏发电设施。随着项目的扩大，顺泰租赁面临自有资金供给不足的问题，因此开始寻求外部融资。2018 年，顺泰租赁考察了多家券商和银行，最终在 2019 年与兴证证券合作，成功发行了绿色惠农资产支持专项计划。

（二）项目概括

绿色惠农资产支持专项计划发行总规模为 1.37 亿元人民币，其中优先 A 级发行规模 8,000 万元，优先 B 级发行规模 3,600 万元，次级发行规模 2,105 万元。优先 A 级票面利率为 4.90%，优先 B 级票面利

率为 5.20%。这种分层结构旨在分散风险，吸引不同风险偏好的投资者。募集资金主要用于支持农村地区的户用光伏发电设施建设，帮助农户解决资金问题，同时促进绿色能源的使用，实现经济效益与环境保护的双重目标。

（三）实践效果

顺泰租赁的这一创新举措得到了业界的肯定，被认为是对户用光伏发展的重要推动。通过资产证券化的方式，顺泰租赁成功地将绿色能源项目与资本市场相结合，为农户提供了融资支持。项目的成功发行不仅减轻了农户的经济负担，还有助于推动农村地区的绿色能源转型，促进了乡村振兴战略的实施。同时，这也为其他金融机构提供了绿色金融创新的范例。顺泰租赁的这一举措在行业内处于领先地位，展示了绿色金融与农业结合的新模式，为同行业企业提供了参考。

（四）小结

顺泰租赁绿色惠农资产支持专项计划的成功发行，是绿色金融与农业发展结合的典范。它不仅解决了农户的资金问题，还推动了绿色能源在农村地区的普及，有助于实现可持续发展目标。这一案例表明，通过创新金融工具，可以有效支持农业现代化，促进绿色发展，同时也为金融机构提供新的业务增长点。随着绿色金融政策的不断推进，预计未来将有更多类似的项目出现，为实现绿色发展目标提供更多支持。

本章小结

中国不同行业企业在利用绿色金融进行绿色转型的过程中，虽然取得了一定的进展和成效，但也面临如下问题和挑战。

（1）高碳行业企业在绿色转型过程中往往需要大量的资金投入，用于技术升级、设备改造和新项目开发。然而，由于这些企业通常面临较高的杠杆率和信用风险，传统的金融机构可能在提供融资支持时持谨慎态度，导致融资难度加大，资金需求难以被满足。

（2）绿色金融产品与服务的创新不足。尽管绿色金融产品如绿色债券、绿色信贷等在一定程度上支持了高碳行业的转型，但这些产品的种类和规模仍然有限，不能满足所有高碳行业企业的多样化需求。此外，绿色金融产品和服务的设计往往需要与企业的具体情况紧密结合，这要求金融机构具备更高的创新能力和风险管理水平。

（3）绿色金融标准与评价体系不完善。绿色金融的发展需要一套统一的绿色金融标准和评价体系，以确保资金能够准确流向真正的绿色项目。目前，中国在这方面的标准和体系尚在不断完善中，不同金融机构和地区可能存在标准不一的问题，这给绿色项目的识别和资金的精准投放带来了挑战。

（4）政策支持与激励机制不足。虽然国家层面出台了一系列政策支持绿色金融发展，但在具体实施过程中，高碳行业企业可能面临政策落地难、激励机制不明确等问题。这影响了企业利用绿色金融的积极性和效率。

（5）信息披露与透明度不足。绿色金融要求企业在环境信息披露方面达到一定标准，以便金融机构和投资者能够准确评估项目的环境效益。然而，部分高碳行业企业在信息披露方面存在不足，这不仅影响了绿色金融资源的有效配置，也增加了金融机构的风险。

（6）转型路径与技术路径不明确。高碳行业企业在绿色转型过程中，需要明确的转型路径和技术路径。然而，由于缺乏行业指导和技术支持，一些企业在如何实现绿色转型方面存在迷茫，这影响了绿色金融项目的有效实施。

（7）绿色金融产品的市场接受度和投资者对绿色金融的认知程度仍有待提高。投资者可能对绿色金融产品的回报率、风险特性和长期价值认识不足，这限制了绿色金融产品的市场规模和流动性。

（8）绿色金融涉及多个监管领域，包括环境、金融和行业监管等。高碳行业企业在利用绿色金融时，需要应对复杂的监管环境和合规要求，这增加了企业的运营成本和难度。

总结来说，中国高碳行业企业在利用绿色金融进行绿色转型的过程中，需要解决资金、产品创新、标准制定、政策支持、信息披露、转型路径、市场接受度和监管合规等多方面的问题。通过政策引导、市场推动和行业自律，有望逐步克服这些挑战，促进高碳行业的绿色转型和可持续发展。

第三篇　绿色金融与绿色转型未来发展方向

第八章　金融科技赋能绿色金融

绿色金融在助力企业绿色转型过程中遇到较多问题，例如，绿色金融产品与服务创新不足，导致现有的绿色金融产品种类和规模有限，难以满足高碳行业多样化的融资需求；缺乏统一的绿色金融标准和评价体系，导致绿色项目的识别和资金精准投放存在挑战；部分高碳行业企业在环境信息披露方面存在不足，影响绿色金融资源的有效配置和金融机构的风险评估。此外，因绿色金融涉及多个监管领域，企业在利用绿色金融时需要应对复杂的监管环境和合规要求，这无疑会增加企业运营成本和难度。此外，高碳行业企业在绿色转型过程中需要大量资金投入，但由于杠杆率和信用风险高，传统金融机构可能持谨慎态度，导致融资难度加大。本书认为可以运用金融科技加强产品创新和项目识别，降低监管成本，而补充利用转型金融则可以有效扩大部分行业低碳转型所需的资金规模。

第一节　金融科技

一、金融科技的定义

金融科技的定义目前没有统一的标准，因为它是一个跨学科的领域，涉及金融学、信息技术、计算机科学等多个学科。在学术研究、行业报告、政策文件以及金融科技相关的新闻报道中，都可以找到对金融科技的不同描述和定义。国内外相关专家学者或者机构对金融科技（fintech）的定义存在多种表述，尚未达成一致看法，但普遍认为金融科技是指运用现代科技手段特别是信息技术，对金融服务进行创新，以提高效率、降低成本、增强用户体验和扩大金融服务覆盖范围的一种经济活动。以下是一些国际组织机构和学者对金融科技的定义。

金融稳定理事会（FSB）认为，金融科技是基于大数据、云计算、人工智能、区块链等一系列技术创新，全面应用于支付清算、借贷融资、财富管理、零售银行、保险、交易结算等六大金融领域，是金融业未来的主流趋势。国际证券事务监察委员会组织（IOSCO）认为金融科技是指有潜力改变金融服务行业的各种创新的商业模式和新兴技术。美国国家经济委员会（NEC）认为金融科技涵盖不同种类的技术创新，这些技术创新影响各种各样的金融活动，包括支付、投资管理、资本筹集、存款和贷款、保险、监管合规以及金融服务领域的其他金融活动。英国金融行为监管局（FCA）认为金融科技是创新公司利用新技术对现有金融服务公司进行去中介化。新加坡金融管理局（MAS）认为金融科技是通过使用科技来设计新的金融服务和产品。这些定义反映了金融科技的核心特征，即通过技术创新推动金融服务的变革，实现更高效、更便捷、更安全的金融服务。①

金融科技的发展不仅改变了金融服务的提供方式，也对金融市场结构、监管框架以及金融行业的整体运作产生了深远影响。根据欧洲银行业研究机构（EBI）在《绿色金融科技初步评估报告》（2020）中的描述，绿色金融科技（green fintech）即运用金融科技的手段，特别是点对点（P2P）和分布式账本技术（如区块链），来促进直接融资，并将ESG理念融入金融服务中。这样的技术创新旨在构建一个更加普惠、灵活、循环利用资源且对环境友好的金融系统，以支持可持续发展目标。这种金融科技的应用可以帮助解决传统金融体系在支持绿色项目和活动时面临的挑战，如信息不对称、融资成本高、效率低下等问题。通过利用大数据、人工智能、物联网等技术，绿色金融科技能

① 邹之光. 我国金融科技监管及政策建议[J]. 合作经济与科技，2018（02）：88-89.

够提高绿色项目的识别、评估和融资效率，降低环境风险，同时促进资金流向那些能够带来积极环境影响的项目。这样的金融创新不仅有助于实现环境目标，还能够推动经济的绿色转型和可持续发展。

根据中国人民银行印发的《金融科技发展规划（2022—2025年）》[①]，金融科技被定义为技术驱动的金融创新，是金融业未来的主流趋势。

本书认为，绿色金融科技是指利用包括但不限于大数据、人工智能、区块链、云计算、移动支付等技术，提高金融服务的效率，降低成本，增强用户体验，并推动金融行业的创新和转型，通过结合可持续发展理念及相关绿色标准，为绿色金融项目筛选、产品创新、风险控制等提供服务的绿色金融市场基础设施服务，进而助力经济高质量发展和绿色低碳转型。

二、金融科技的功能

金融科技基于技术手段，服务绿色金融发展，在推动投资决策绿色化、生产和生活方式绿色化、投融资方式多元化等方面发挥积极作用。[②]

（一）支持金融机构绿色投资决策

金融科技通过物联网技术实时收集企业的环境数据，结合区块链确保数据的透明性和不可篡改性，为金融机构提供绿色项目的实时监测能力。大数据和人工智能技术的应用，将非结构化数据转化为标准化信息，并进行可视化分析，帮助投资者理解ESG因素对投资决策的影响。机器学习算法进一步发展出ESG评级体系，为投资者提供量化的环境效益评估，降低绿色项目的融资门槛。金融科技通过自动化、智能化的技术手段，如人工智能、机器学习、大数据分析等，可以显著提高金融服务的处理速度和效率，减少人工操作，降低错误率。利

① 中国人民银行印发《金融科技发展规划（2022—2025年）》，（2022-01-05）[2024-02-14]，https://www.gov.cn/xinwen/2022-01/05/content_5666525.htm.

② 陈婉. 当科技遇上绿色金融[J]. 环境经济，2023（20）：10-17.

用云计算、区块链等技术，金融机构能够优化基础设施，减少物理空间和人力资源的需求，从而降低运营成本。金融科技提供了更先进的风险评估和监控工具，如基于人工智能的信用评分系统、实时市场分析等，帮助金融机构更好地识别和管理风险。

（二）优化投融资渠道

金融科技推动了新的金融产品和服务的诞生，如移动支付、众筹、智能投顾等，满足了消费者多样化的金融需求。通过个性化推荐、智能客服、无缝支付等技术，金融科技改善了客户体验，使得金融服务更加便捷、个性化。金融科技使得金融服务更加普及，尤其是对于偏远地区和低收入群体，通过移动银行、微型保险等手段，提高了金融服务的可及性。金融科技平台利用大数据和云计算技术，连接绿色项目与广大中小投资者，形成规模效应，解决绿色中小企业融资难题。该类平台通过用户画像和风险偏好分析，为投资者匹配合适的绿色投资项目，同时推动企业优化绿色商业模式。这种模式不仅为投资者提供多样化的投资选择，也为绿色企业提供了新的融资途径，促进绿色经济的发展。

（三）助力生活方式和生产方式的绿色转型

金融科技通过大数据和人工智能分析个人消费行为，展示碳足迹，引导居民形成绿色生活习惯。移动支付技术减少了纸质交易，降低了碳排放。在企业层面，物联网传感器监测生产过程中的碳排放，结合大数据和人工智能分析，提出改进建议，提升生产环保水平。区块链技术的应用则构建了绿色供应链金融体系，实现产品全流程的可追溯，推动整个产业链的绿色升级。

此外，金融科技也有助于监管机构更有效地监控金融市场，通过实时数据分析和自动化报告，提高了监管的效率和透明度。金融科技在提升金融服务效率的同时，也加强了对金融安全的关注，通过先进的加密技术和安全协议，保护用户数据和交易安全。金融科技鼓励金融机构进行业务模式和流程的创新，以适应数字化时代的变化，保持竞争力。

三、金融科技的意义

（一）服务经济转型升级

1. 推动绿色产业健康发展

绿色发展、高质量发展是指导中国经济社会发展的重要指导思想之一。在“双碳”目标下，中国经济结构、能源结构亟待调整。金融作为实体经济的血脉，也亟须通过优化资源配置、提升资金使用效率等方式，引导资金从高污染、高能耗的产业流向高科技、高附加值的新兴产业，推动经济健康可持续发展。绿色金融科技兼具“绿色金融”及“科技”的理念，能够发挥“1+1>2”的效应，精准支持绿色产业发展。基于大数据、云计算、人工智能、区块链等新兴技术，能够准确识别、定位出符合绿色标准、适应新发展理念的项目，并通过资金流、信息流、物流跟踪及检测，将资金与项目相匹配，提升金融机构工作效率，优化资产配置，引导更多资金投向绿色产业，为经济转型提供绿色动能。

2. 促进棕色产业低碳转型

实现“双碳”目标和推动经济高质量发展，需要绿色产业的壮大和棕色产业的绿色低碳转型。国家发展和改革委员会等部门在《关于严格能效约束推动重点领域节能降碳的若干意见》中强调，转型过程应避免“一刀切”管理和“运动式”减碳，确保产业链供应链的安全和社会经济的稳定运行。在这一过程中，“金融+科技”的结合成为支持传统产业绿色转型的关键。

绿色金融科技通过技术手段，如大数据和物联网，深入分析棕色企业的转型风险和需求，为资金的合理配置提供科学依据。这些技术帮助企业构建绿色供应链，提高能源效率，引入低碳技术，从而推动智能化和低碳化转型。同时，通过构建企业及项目数据库，结合绿色金融和转型金融产品，可以降低资金和运营成本，促进高效、清洁、低碳、循环的经济体系和运营模式的形成。这样的转型不仅有助于实现环境目标，也为经济发展注入新的动力，确保经济的可持续发展。

（二）赋能绿色金融创新

1. 打破信息壁垒

金融机构通过多元化的研发方式，围绕绿色经济活动需求，推动数字技术在 ESG 分析、绿色评级、环境风险管理等方面的应用。利用大数据和人工智能技术，金融机构能够实现环境风险信息的在线采集和实时分析，自动化信息收集，精准绿色识别，智能化评级定价，以及自动化预警处置，从而提升绿色投资效率，降低绿色项目风险。

2. 助力绿色金融产品创新

尽管绿色信贷和债券是绿色金融的主要产品，但其他创新产品如碳中和债、绿色基金等仍有巨大发展空间。科技的应用有助于解决环境权益抵质押贷款、绿色市政债等产品的环境外部性内部化难题，以及绿色金融活动和产品界定不清晰、标准不统一、环境风险分析和管理工具缺失等问题。通过推动绿色金融基础设施的数字化建设，科技支持绿色金融服务产品标准、信用评级标准、信息披露标准的制定，完善工作机制，提升绿色金融信息服务和交易的数字化与智能化水平，从而促进绿色金融产品的创新和广泛应用。

（三）助力金融风险防范

绿色金融科技在金融风险防范中扮演着至关重要的角色，尤其是在应对绿色金融业务面临的低回报率、高融资成本、长投资周期和高风险等挑战时。金融机构在开展绿色金融业务时，需要更加关注气候和环境风险，利用科技手段对投资项目和企业进行深入的环境分析和评价，以预防系统性金融风险。[①]

金融科技的应用显著降低了信息成本，提高了数据的真实性和安全性，为金融管理部门提供了更准确高效的服务。通过人工智能、大

① 杨农. 积极发展绿色金融科技[J]. 清华金融评论，2021（08）：91-93.

数据、物联网等技术，金融机构能够科学、客观、精准地核算碳排放量，优化监管流程，提升监管工具的效率，有效防范绿色信贷和绿色债券的违约风险。具体来说，金融科技在绿色金融风险防范中的应用主要体现在以下三个方面。

一是金融机构通过大数据技术整合外部公共数据，开发大数据风控系统，全面分析信用数据，判断用户信用状况，集成企业环境数据，提升绿色项目的精准识别能力，从而有效防范金融风险。

二是利用环境风险建模与智能定价，人工智能和大数据分析技术的应用使得环境风险建模和数据分析更加高效准确。金融机构可以通过这些技术动态分析环境风险，更新风险评估模型，提高模型的适应性，确保绿色金融产品的合理定价。

三是通过建立绿色评级数据库和模型，量化企业的“绿色程度”，帮助金融机构在投资过程中识别真正的绿色项目，避免“假绿”或“染绿”的投资标的，确保资金流向真正符合绿色标准的项目。

通过这些措施，金融科技不仅提高了绿色金融业务的透明度和效率，还增强了金融机构对环境风险的识别和管理能力，为绿色金融的健康发展提供了坚实的技术支撑。

第二节 金融科技赋能绿色金融

一、金融科技赋能银行业绿色金融创新

（一）银行业绿色金融发展痛点

在实现“双碳”目标和推动经济高质量发展的背景下，绿色金融面临多重挑战。首先，绿色标准的多元化导致了绿色识别的难度增大，不同国家和行业的绿色金融标准差异使得金融机构在开展绿色金融业务时难以精准认定绿色项目，增加了业务开展的复杂性。其次，信息

不对称问题导致绿色金融产品与服务的创新难度提升，金融机构难以全面了解融资主体或项目的环境影响和经营状况，而企业对绿色金融工具的了解也不足，这限制了绿色金融的有效供给和需求匹配。此外，绿色金融对专业人才的需求增加，涉及政策研究、产品设计、环境风险管理等多个领域，这可能导致服务及运营成本的上升。最后，气候环境因素使得风险管理的难度加大，金融机构需要在绿色金融全流程中综合运用环境和社会风险管理，这要求建立全面的客户绿色画像和绿色信用评价体系，以及进行环境效益和投资风险的定量分析。然而，这些风险管理措施的实施需要大量的基本信息、算法数据支持以及专业技术人员，目前这些条件尚未完全成熟，因此优化社会环境风险和气候风险管控仍存在挑战。

综上所述，绿色金融的发展需要解决标准多元化、信息不对称、专业人才需求和风险管理等方面的问题，以确保资金的有效配置和绿色项目的精准支持，同时降低运营成本、提高风险管理能力，从而促进绿色经济的健康发展。

（二）金融科技在银行业绿色金融领域的运用

金融科技在绿色银行领域的运用正成为推动绿色金融发展的重要力量。随着全球对可持续发展和环境保护的重视，绿色金融作为实现经济与环境双赢的关键途径，其在银行业的应用日益受到关注。金融科技通过人工智能、大数据、区块链、云计算等前沿技术，不仅提升了绿色金融业务的效率和透明度，还降低了运营成本，增强了风险管理能力。以下是金融科技在银行业绿色金融领域的具体应用和挑战的详细分析。

1. 提升绿色金融标准应用的便捷性

绿色金融标准的多元化是全球范围内的一个普遍现象，这给金融机构在绿色金融业务方面的开展带来了挑战。为了应对这一挑战，金融科技提供了解决方案。人工智能和机器学习技术的应用，使得绿色业务的识别和绿色金融统计工作更加便捷。例如，通过人工智能关键词检索，金融机构可以快速识别绿色客户和项目，提高绿色判断的精准性。机器学习分类算法如 K 最邻近（K-nearest neighbors，KNN）算法，可以帮助金融机构识别绿色企业信息与各标准的匹配关系，建立与国内外绿色认定相适配的信息分类体系。然而，绿色金融标准的语言与金融科技系统化语言的不一致性，以及绿色语言的多样化表述，为系统开发带来了挑战。金融机构需要不断优化算法，以适应绿色金融标准的变化和多样性。

2. 提高绿色金融供需信息的透明度

信息不对称是绿色金融市场发展的一大障碍。金融科技通过大数据、区块链、云计算等手段，提高了绿色金融供需信息的透明度。大数据挖掘技术可以帮助金融机构全面了解企业的绿色业务情况，为绿色评级提供支持。区块链技术的应用，如微众银行的绿色出行普惠平台通过分布式共享账本，实现了绿色项目信息的可追溯性和不可篡改性，降低了数据信任成本。云计算技术则通过远程服务器存储，实现了绿色文件和相关应用程序的集中管理，提高了信息的实时性和可访问性。尽管如此，数据安全和监管问题仍然是金融机构在应用这些技术时需要面对的挑战。信息的不可逆删除和敏感数据的隐私保护，以及去中心化特性可能带来的监管缺失，都需要金融机构在技术应用中加以考虑。

3. 降低绿色金融服务及营运成本

绿色金融服务的成本控制对于金融机构的可持续发展至关重要。金融科技通过云计算和人工智能等手段，降低了绿色金融服务及营运成本。云计算的虚拟化技术可以帮助金融机构优化信息技术资源配置，提高服务处理能力。例如，中国建设银行通过平台赋能，推出了“绿贷通”服务，实现了绿色贷款的在线申请和系统测算，提升了服务效率。人工智能的社会网络分析技术可以帮助金融机构精准定位绿色用户，实现有针对性的产品推广，降低无效推广成本。然而，这些技术的应用也带来了组织体系和技术维护的新挑战。金融机构需要在前台、中台和后台实现高效协同，同时不断升级技术以适应不断变化的市场需求。

4. 提高绿色金融风险研判的科学性

风险管理是绿色金融的核心环节。金融科技通过机器学习和时间序列建模等技术，提高了绿色金融风险研判的科学性。集成学习技术可以帮助金融机构在多个行业间进行环境效益的评级测算，避免局部行业过拟合的问题。人工神经网络模型则可以用于风险预测，帮助金融机构评估贷款人的违约概率。这些技术的应用有助于金融机构更准确地评估环境效益和预测风险，提升信贷政策的调整效率。然而，模型的欠拟合和过拟合问题需要金融机构在模型开发和应用中加以解决。环境与社会风险信息的获取困难，以及市场上绿色金融实践的不均衡，都可能影响模型的泛化能力。

总体而言，金融科技在绿色银行领域的应用为绿色金融的发展提供了强大的支持。通过提升绿色金融标准的应用便捷性、提高信息透明度、降低服务成本以及增强风险研判的科学性，金融机构能够更有效地支持绿色项目和企业。然而，这些技术的应用也带来了新的挑战，如技术与标准的语言差异、信息安全、监管问题以及模型的准确性等。金融机构需要不断优化技术应用，确保绿色金融的健康发展，同时积极参与国际标准的制定和本土化的实践，以实现绿色金融的全球协同发展。

二、金融科技赋能证券与基金业绿色金融创新

（一）证券与基金业绿色金融发展痛点

证券与基金业在绿色金融领域的发展遭遇了多重痛点，主要包括信息披露不充分、ESG 信息披露参差不齐、投融资及经营活动的环境影响计算困难、产品创新力度不足以及投资能力建设相对落后。

首先，绿色投融资产品的信息披露存在不足，尤其是在绿色债券的资金用途披露方面，缺乏监管和标准化数据统计制度，导致资金使

用透明度低，增加了监管难度。绿色基金的信息披露同样不足，缺乏统一标准和监管责任划分，影响了投资者参与绿色投资的积极性。

其次，ESG信息披露的不均衡和不全面问题，使得市场参与者难以获取高质量的ESG数据，影响了投资者对绿色投资项目的评估。此外，投融资活动的环境影响计算缺乏科学的方法和标准，特别是在绿色债券的环境效益计算方面，以及金融机构自身经营活动的环境影响量化信息披露不足。

再次，在产品创新方面，绿色债券市场虽然有所发展，但整体创新能力不足，多层次绿色债券体系尚待完善，绿色股权融资和债权融资市场在产品类型、融资渠道和风险保障等方面需要进一步创新。

最后，证券与基金业机构在ESG投资能力建设方面相对落后，缺乏长期战略规划、明确的管理政策和机制，以及有效的ESG数据分析和风险管理。这些挑战需要通过政策支持、行业合作和技术创新来共同解决，以推动绿色金融的健康发展。

（二）金融科技在证券与基金业绿色金融领域的运用

金融科技在绿色融资市场的运用主要集中在优化绿色债券发行流程、协助绿色债券产品创新、支持融资渠道拓展等方面。针对绿色债券市场存在的产品创新不足、信息披露不充分、环境效益量化测算困难和市场主体能力建设不足等问题，金融科技通过技术手段提供了解决方案。

在优化绿色债券发行流程方面，金融科技利用大数据、人工智能、云平台等技术，建立评价指标体系，统一分类标准，缓解信息不对称问题。通过这些技术，可以优化现有环境效益测算方法，实现绿色资产认证过程的科学化和绿色资产绿色程度的精准量化。同时，区块链技术的应用提高了发行效率，降低了融资门槛，为中小型绿色项目提供了更多融资机会。

在绿色债券产品创新方面，金融科技如大数据和人工智能帮助证券公司梳理绿色项目融资需求，开发个性化绿色债券产品。机器学习技术的应用有助于建立环境效益评估模型，将环境效益转化为合理的票面利率，提高绿色项目的融资灵活性。

在支持融资渠道拓展方面，金融科技通过大数据和人工智能技术，为个人投资者提供精准的用户画像，匹配合适的绿色债券项目，实现智能营销。区块链技术的应用降低了个人投资者获取信息的成本，提高了信息透明度，有助于拓展绿色项目的融资渠道。

金融科技在绿色投资市场的应用也日益广泛，包括推动绿色项目合理定价、提升 ESG 数据收集及处理能力、强化 ESG 投资能力建设以及助力开展环境压力测试。这些应用有助于金融机构将环境风险和效益纳入投资决策过程，提升环境风险识别和管理能力，促进绿色金融市场的健康发展。

三、金融科技赋能保险业绿色金融创新

（一）保险业绿色金融发展痛点

绿色金融科技创新在保险业的应用正逐步推动保险业的绿色发展，但在此过程中，保险业在绿色保险政策制定、产品研发、风险管理以及险资投资等方面面临一系列挑战。以下是保险业绿色发展存在的主要问题。

（1）统一标准和管理体系缺失。尽管中国在绿色金融标准制定方面处于世界领先地位，但专门针对绿色保险的标准和管理体系尚处于起步阶段。绿色保险的范围界定模糊，缺乏明确的界定标准和全方位的管理体系，导致市场上绿色保险产品的质量参差不齐，影响了投保人的权益保障和政策措施的精准实施。

（2）数据基础不足。绿色保险产品的开发受限于数据积累的不足，特别是在数据的长度、广度、深度和精度方面。数据周期短、覆盖面不足、颗粒度低等问题，阻碍了绿色保险产品的创新开发和费率厘定，同时也制约了风险管理和防控能力的提升。

（3）信息不对称。投保人和保险机构之间的信息掌握程度不同，

导致信息不对称问题突出。这种信息壁垒限制了保险机构优化风险预警和防范机制的能力，增加了防灾防损和理赔查勘定损的成本，同时也面临信用风险、道德风险和逆向选择风险。

（4）ESG 信息披露未标准化。保险资金的特点与绿色投资项目需求契合度高，但绿色投资市场上的信息披露指标未统一，不同主体对绿色资产的测算和界定方法存在差异，导致“漂绿”现象。此外，绿色投资信息共享机制不完善，增加了机构投资者搜寻绿色项目的成本，妨碍了产业端和投资端的有效对接。

（5）创新型绿色金融产品供给不足。尽管绿色债券市场发展迅速，但适合险资特点的创新型绿色金融产品，如 ESG 指数化产品、绿色股权类基金等，市场上供给不足，限制了保险机构的绿色投资实践。

综上所述，保险业在绿色发展的道路上需要解决标准制定、数据积累、信息对称、信息披露标准化以及产品创新等问题，以实现绿色保险市场的健康发展和保险资金在绿色投资中的有效运用。

（二）金融科技在保险业绿色金融领域的运用

保险业作为金融体系的重要组成部分，其在绿色金融领域的发展对于推动经济的可持续发展具有重要意义。然而，绿色保险在实践中面临着数据缺乏、信息不对称等挑战，这些问题严重制约了保险业在支持绿色低碳转型中的作用。为了克服这些障碍，金融科技的应用成了推动保险业绿色发展的关键力量。

1. 金融科技在风险管理中的应用

金融科技，特别是大数据和区块链技术，为保险业提供了强大的风险管理工具。通过构建绿色保险数据融合共享平台，保险机构能够实现与环保、金融、工商等政府部门的数据连通，从而全面了解用户的生活方式、风险偏好，实现对用户环境信用的准确评价和环境风险的实时监测。这种平台的建立不仅有助于监管机构实现监管闭环，也有助于保险机构实现内外部数据互通，提高风险管理效率。

例如，利用大数据平台，保险机构可以在承保前通过技术协助进行风险筛查，识别并过滤高风险投保人，预防逆向选择行为。在承保期间，实时数据监测技术的应用可以降低风险发生的概率，提高保险机构的监督职能。此外，区块链技术的不可篡改性为数据安全提供了保障，有助于减少纠纷，降低定价难度，拓展绿色保险的承保范围。

2. 金融科技在产品创新和定价中的应用

金融科技的应用使得保险机构能够更深入地了解绿色企业和项目的需求，从而设计出更加符合市场需求的绿色保险产品。大数据技术的应用使得保险机构能够对海量数据进行结构化处理和多维度分析，利用机器学习算法提高损失预测精度，实现合理定价。云计算服务的应用则有助于实现风险的实时监测，缩短风险模型修正时间，为保险产品的改进创新和风险控制提供支持。例如，众安保险与区块链创业公司连陌科技合作推出的"步步鸡"项目，通过区块链技术记录农业生产养殖的全流程数据，为保险产品的开发提供精确的数据支持。平安产险推出的鹰眼系统（DRS）则通过融合地理数据、自然灾害监测数据等，为企业提供精细化的风险评估和定价服务。

3. 金融科技在绿色风险控制体系搭建中的应用

金融科技的应用还体现在绿色保险反欺诈系统的建设上。人工智能和区块链技术的应用贯穿保险业务的整个流程，从投保环节的风险评估模型搭建，到承保运营环节的动态跟踪反馈，再到理赔环节的资料真实性快速识别和欺诈行为预测，金融科技为保险机构提供了全方位的风险控制手段。例如在绿色农业保险中，通过遥感和面部识别技术追踪鲑鱼的健康状况，结合人工智能技术提供损失记录，为绿色保险理赔申请提供可靠的证明，实现了反欺诈功能。

4. 金融科技在 ESG 投资中的应用

金融科技在 ESG 投资中的应用，为保险资金的绿色投资提供了强有力的支持。平安保险集团研发的 CN-ESG 数据库及评价体系，以及中央财经大学绿色金融国际研究院建设的 ESG 数据库，都是利用人工智能、大数据等技术，为投资者提供多维度的 ESG 数据和评估体系，帮助保险资金更准确地进行绿色可持续投资。

这些实践表明，金融科技的应用不仅提高了保险业的风险管理能力，还促进了绿色保险产品的创新和精细化定价，支持了绿色风险控制体系的搭建，同时也为保险资金的 ESG 投资提供了有效的工具和平台。通过这些创新，保险业能够更好地支持绿色、低碳的经济转型，实现可持续发展目标。

四、金融科技赋能信托业绿色金融创新

（一）信托业绿色金融发展痛点

信托业在绿色金融领域的发展成为推动可持续发展的重要力量，但目前仍面临一系列挑战和痛点。

1. 外部环境痛点

（1）缺乏法律制度和宏观政策支持。信托业务创新尤其是绿色金融创新，面临法律和政策上的障碍，现有的《信托法》和《全国法院民商事审判工作会议纪要》等法律文件提供了一定指导，但不足以解决所有问题。宏观政策方面需要财政、货币政策的支持，以及绿色金融激励机制、评价标准和监管措施的建立。

（2）配套制度和激励机制有待建立。绿色经济的快速发展要求信托业提供更多支持，但目前信托公司在服务信托、慈善信托、衍生品投资等方面受到限制，需要从资产管理行业发展顶层规划和统筹监管方面入手。

2. 市场结构痛点

（1）市场化应用有待普及。绿色信托市场实践受限，市场化应用不普及。绿色产业融资需求与信托融资成本之间的矛盾，以及资管新规提高的准入门槛，影响了绿色建筑等领域的发展。

（2）市场基础设施建设和组织机制有待完善。信托公司在创新业务基础设施和组织机构方面存在不足，如股权投资信托业务缺乏适应的投资决策机制，消费金融业务面临征信、支付、抵押平台不匹配的

问题。

3. 行业行为痛点

（1）体系设计和行业政策有待健全。绿色信托体系设计和配套机制不完善，缺乏细化标准和法律效力的规章制度，环境信息披露机制和气候风险管理基础尚未建立。

（2）财富管理科技发展水平较低。信托公司在财富管理业务的数字化转型方面落后，存在数据管理、投研、产品创新等方面的挑战。

4. 投资效果痛点

碳市场交易实践少及专业门槛高，中国碳市场交易尚不成熟，信托公司参与碳市场交易存在难度。业务范围较窄、投资成效有待评估，绿色信托业务投资周期长，收益存在不确定性，且投资项目主体增信保障措施不足。投资不确定风险较高，信托公司在投资项目及合作对象筛选、风险控制方面存在风险，可能导致实际投资收益低于预期。

综上所述，信托业绿色金融的发展需要在法律制度、政策支持、市场基础设施、行业行为规范、投资风险管理等方面进行改进和创新。通过加强顶层设计、完善激励机制、提升行业专业能力，信托业有望在绿色金融领域发挥更大的作用，支持绿色产业的发展。

（二）金融科技在信托业绿色金融领域的运用

1. 云计算技术在信托行业的应用

云计算技术在信托行业的应用主要体现在以下方面。信托行业在数字化转型过程中面临市场基础设施和组织机制的不完善，以及财富管理科技化水平较低等问题。构建自主可控的技术体系对于解决这些问题至关重要。云原生（cloud native）是一种新型技术体系，被认为是云计算的未来发展方向。它强调在云环境中构建和运行应用程序，以实现更高的灵活性和效率。国内信托行业的数字化发展水平不一，需求多样，需要灵活的技术架构来兼容传统 T 架构，并能动态适应个性化需求。云原生技术可以帮助信托公司实现服务的统一管理和运维，以及业务的快速迭代。通过建立以云原生为核心的研发平台，信托公司可以基于“云原生+混合云”架构，利用DevOps、微服务、容器化等技术，快速开发应用，实现业务敏捷迭代。通过建设数据中台，信托公司可以打通内部系统的数据共享，消除信息孤岛，提升数据价值。在云平台中加入绿色项目识别、环境效益测算和风险监测等功能，有助于信托行业更好地服务绿色低碳业务，提升金融业在这一领域的服务能力和水平。

总体来说，云计算技术特别是云原生技术，为信托行业提供了一种新的解决方案，以应对数字化转型中的挑战，提升服务效率，实现业务创新，并在绿色金融领域发挥重要作用。

2. 大数据技术在绿色信托中的应用

大数据技术在绿色信托中的应用主要体现在支持绿色建筑信托业务的发展。绿色建筑信托作为一种创新业务，旨在通过信托公司为绿色建筑相关产业链提供投融资、碳权交易和信托贷款等金融服务。在房地产信托业务转型的背景下，绿色建筑信托被视为重要的创新方向。信托公司利用在传统建筑领域的投融资经验，结合绿色建筑的特点，创新金融服务模式，促进节能减排。然而，绿色建筑信托面临增量成本和效益难以确认、项目信息不透明等挑战。通过建立专业化信息平台，运用大数据技术，可以解决信息不对称问题，提升项目识别、风险控制和收益评估能力，降低资金成本和管理风险，同时为绿色建筑开发商降低融资门槛，缩短项目评估周期。

3. 区块链技术在绿色信托中的应用

通过利用区块链技术搭建信托线上平台，提升信息的透明度，提升信托业数字化程度，防范各类风险，重视运用技术手段解决信托业发展中的难点与痛点，同时通过“金融科技+信托”的融合应用研究，构建适合信托业稳健运行的金融科技发展体制与体系，全方位助力信托业实现数字化转型。

未来，区块链技术主要可以应用到“区块链+绿色信托业务”场景中。例如，在“区块链+供应链金融”领域，在区块链系统中，所有参与方都能使用一个去中心化的账本分享文件。通过智能合约，款项可以在达到预定时间和结果时自动进行支付，在提高效率的同时，还可以在很大程度上避免人工操作失误。[①]在“区块链+智能监管”领域，金融监管机构和信托公司可以通过区块链构建包括交易数据、交易记录、信用文件的管理链，简化实时对账、数据共享流程等，同时可以将预设规则写入智能合约，一旦发现违反内部合规及外部监管要求的行为，智能合约会发送重点提示异常信息，实现基于客户行为的风险监控体系，从而较大程度提升监管效率。在“区块链+慈善信托”领域，资金来源、账户余额、资金投向、项目明细及具体收益等都将通过区块链技术变得公开透明。

4. 人工智能技术在绿色信托中的应用

人工智能技术正在推动信托行业的数字化转型，通过机器学习、生物识别、自然语言处理等关键技术，信托公司能够实现客户识别、员工工作自动化、智能投顾服务等，从而提升客户体验、决策智能化和风险管理稳定性。这些技术的应用主要集中在智能客服、投顾、风控、投研和营销等方面，帮助信托公司处理复杂数据，降低人力成本，提高风控和业务处理能力。同时，信托公司如中航信托和平安信托等正通过结合ESG战略和“双碳”目标，利用大数据和人工智能技术，拓展绿色金融业务，推出符合市场需求的差异化、场景化和智能化信托产品。

5. 物联网技术在绿色信托中的应用

物联网技术在绿色信托领域的应用主要体现在解决信息不对称问题和提升风险管控能力。通过将物联网与区块链、云计算、大数据等技术结合，信托公司能够更有效地管理碳资产，实现碳资产的合理定价和数字化管理。在“双碳”目标的推动下，碳信托作为绿色信托的细分领域，专注于碳减排和高碳企业的转型金融服务。物联网技术的应用使得碳资产的定位追踪、权属证明和交易流转等全流程管理更

① 天宇. 区块链对未来真的会产生颠覆性影响吗?[J]. 智慧中国，2018（Z1）：74-78.

加高效和透明，从而支持信托公司在碳信托业务中的创新和发展。

第三节　金融科技赋能绿色金融监管

一、绿色金融监管痛点

绿色金融监管在推动绿色转型发展方面发挥着重要作用，但在实践中仍面临一系列挑战和痛点，主要包括以下五个方面。

一是缺乏上位法与顶层设计支持。金融机构的环境法律责任不明确，缺乏全国性法律或条例支持，特别是《应对气候变化法》尚未出台，导致金融业气候风险管理的研究和讨论局限于少数机构。

二是监管边界模糊。绿色金融的发展涉及多个政府部门，包括金融监管部门、国家发展和改革委员会、财政部等，但目前缺少明确的监管职责划分和协调机制，导致监管交叉和空白问题。

三是绿色识别标准不统一。尽管绿色债券标准已实现统一，但绿色信贷与绿色债券的认定标准不一致，且与绿色产业标准存在差异。这不仅影响监管效率，增加市场主体的政策不确定性，还削弱了数据的可比性。

四是环境信息披露机制不完善。目前的信息披露要求多为建议性，缺乏强制性条款。环境数据的质量和可得性不足，限制了风险分析的质量和可信度，影响了监管的有效性。

五是绿色金融监管技术手段薄弱。金融机构和监管部门在考虑环境、气候因素时面临挑战，监管流程和技术手段尚未充分利用人工智能、大数据、物联网等现代技术，导致监管措施更新滞后于市场发展。

为了解决这些问题，需要加强政策支持和顶层设计，明确监管职责，统一绿色识别标准，完善环境信息披露机制，并利用现代技术手段提升监管效率和效果。通过这些措施，可以更好地引导市场资源流向绿色产业，促进绿色金融市场的健康发展。

二、金融科技在绿色金融监管领域的应用

（一）金融科技在绿色监管领域的已有实践

金融科技在绿色监管领域的应用是推动绿色金融发展的关键，它通过整合和分析大量环境数据，提高了监管效率和透明度，同时也为金融机构提供了风险管理的新工具。当前金融科技在绿色金融监管领域的实践应用具体如下。

1.“绿茵系统”2.0 版（绿色金融监管综合信息系统）

2022 年，中国银行保险监督管理委员会湖州监管分局承建了“绿茵系统”2.0 版（绿色金融监管综合信息系统）。系统集“指标分析、绿色评级、信息共享”三大功能为一体，针对银行保险机构建立可量化、可视化的数据平台。在银行端，可以实现数据填报、佐证材料上传、自评分数测算及数据传输等功能；在监管端，实现数据校准及自动汇总、佐证材料查阅、监管评级、评级结果自动生成等功能。系统还拥有绿色银行评价和绿色金融监测两大特色功能，绿色评价和监测结果在内部与外部得到了综合运用，内部与差异化监管挂钩，外部将与财政奖励挂钩。

2. 国家生态数据中心资源共享服务平台

国家生态科学数据中心主要利用中国科学院生态系统研究网络（CNERN）国家站作为基础，以生态系统观测研究数据为核心，拓展部门台站和专项观测网络，整合不同层级的数据产品，旨在建立一个具有国内外先进水平的国家级科学数据中心。该数据中心支持国家的生态文明建设和生态系统学科的发展，主要任务包括建立生态数据标准规范，形成以生态系统长期定位监测数据为核心的数据产品体系，构建多源异构生态资源存储库，形成开放汇聚与共享服务平台，构建生态数据分析、同化算法和工具库，形成生态系统科学数据分析与公共服务平台等。数据中心的数据资源体系包括多个组成部分，涉及野

外站、专项网、科技计划项目、期刊论文、科研机构/团队/个人等，形成了一个丰富的数据资源网络。

3. 绿色金融改革创新试验区的经验

各试验区通过金融科技手段，如大数据、云计算等，建立了绿色金融风险监测系统、绿色金融服务平台等，有效防范了环境相关金融风险。例如，广州金融风险监测防控中心通过全天候监测，实现了对市场主体的精准预警和风险处置。浙江湖州的“绿贷通”平台则为小微企业提供了全生命周期的绿色金融服务，支持绿色产业的发展。

（二）当前绿色金融监管应用金融科技时的不足和待开发领域

一是金融科技应用的广度和深度有待提高。尽管金融科技在绿色监管中的应用取得了一定进展，但其应用场景仍然有限。目前，金融科技主要集中在提高数据收集和处理效率上，而在风险评估、决策支持等方面的应用还不够深入。此外，金融科技的成功案例尚未得到广泛推广，这限制了其在更广泛领域的应用。

二是需加强气候与环境风险管理的科技创新应用。绿色金融领域面临的气候和环境风险具有复杂性，现有的金融科技尚未完全适应这些风险的管理需求。未来，需要开发更多基于金融科技的风险评估模型，利用大数据和人工智能技术，实时监测和评估环境风险，为金融机构提供更准确的风险管理工具。

三是缺少为绿色金融科技创新提供监管沙盒。监管沙盒是金融科技创新的重要平台，它允许在受控环境中测试新的金融产品和服务。然而，目前中国尚未为绿色金融科技创新提供专门的监管沙盒，这限制了绿色金融产品的创新和试验。建立绿色金融监管沙盒，可以鼓励金融机构和科技公司在绿色金融领域进行更多的探索和创新。

为了克服上述挑战，未来绿色金融监管应进一步深化金融科技的应用，特别是在风险管理和决策支持方面。可以通过以下三个方面进行改进。一是扩大金融科技应用范围，鼓励金融机构利用金融科技进行更深入的环境风险分析，开发新的绿色金融产品和服务，如绿色债券、绿色基金等。同时，加强对金融科技成功案例的研究和推广，促进其在更广泛领域的应用。二是加强气候与环境风险管理。开发和完善基于金融科技的风险评估模型，利用大数据、人工智能等技术对气候和环境风险进行量化分析，为金融机构提供科学的风险管理工具。同时，建立环境风险数据库，收集和分析相关数据，为政策制定和风险评估提供支持。三是建立绿色金融监管沙盒。在金融科技监管沙盒中设立绿色金融专区，为绿色金融产品创新提供试验平台。通过监管沙盒，可以在确保金融稳定的前提下，探索新的绿色金融模式，促进绿色金融市场的健康发展。

总之，金融科技在绿色监管领域的应用前景广阔，通过不断的创新和实践，有望为绿色金融的发展提供强大的支持，推动经济的绿色转型和可持续发展。

本章小结

本章深入探讨了绿色金融科技在推动绿色金融发展中的关键作用。随着全球对可持续发展和环境保护的日益重视，绿色金融科技应运而生，它通过运用大数据、人工智能、区块链等现代信息技术，为绿色金融提供了创新的解决方案。本章首先明确了金融科技的定义，强调了其在金融服务创新、效率提升和风险管理中的核心价值。其次，详细分析了金融科技在绿色金融领域的具体应用，包括支持金融机构的绿色投资决策、优化投融资渠道、促进生活方式和生产方式的绿色转型。再次，本章还讨论了金融科技在绿色金融监管中的应用，以及如何通过金融科技解决绿色金融监管中的痛点，如信息不对称、监管边界模糊等。最后，本章展望了金融科技在绿色金融领域的未来发展方向，强调了金融科技在推动绿色金融创新、提升监管效率和促进经济绿色转型中的重要作用。

第九章 转型金融与绿色金融

气候变化已成为全球面临的紧迫挑战，国际社会普遍认识到，为了将全球气温上升控制在 1.5 摄氏度以内，必须在能源、工业、建筑、交通和城市发展等多个领域实施迅速而深刻的变革。随着各国纷纷提出碳中和的目标，全球焦点已从是否采取绿色行动转向如何迅速实施这些行动。气候债券倡议组织的研究表明，为实现《巴黎协定》目标，每年需要对基础设施投资约 6.90 万亿美元，能源转型投资则需 1.60 万亿至 3.80 万亿美元。在这个过程中，转型金融对于全球碳中和进程的支持作用日益凸显。

在中国，碳达峰和碳中和的进程已经从理论普及和政策宣传阶段转向实际行动，关键行业开始实施绿色升级，以响应这一自上而下的减排行动。这不仅促进了绿色新兴产业的创新和发展，而且推动了绿色产业投资的增长，2021 年已达到 2.80 万亿元人民币。然而，仍有大量产业尚未实现绿色化，因此在寻找绿色增长点的同时，也必须重视传统高排放行业的转型。

在 2021 年中国金融学会绿色金融专业委员会年会上，中国人民银行副行长陈雨露强调了金融在支持经济和企业低碳转型中的作用，并指出当前的绿色金融体系尚未完全满足转型金融的需求。陈雨露提出需要进一步研究如何建立转型金融的标准、披露要求和激励机制。随着碳减排路径的明确，转型金融有望在气候投融资中发挥更大作用。中国通过提前布局和积极应对转型金融的挑战，有望在全球可持续投融资领域积累经验，树立形象，并为实现 21 世纪气候目标提供新动力。[①]

转型金融在实现碳达峰和碳中和目标中的重要性不断增强。明确其在绿色金融中的独特优势和创新价值，对于高效推进碳中和计划至关重要。在中国生态文明建设的框架下，深入研究转型金融的发展历程、政策环境、市场背景以及绿色金融的创新现状，将为中国转型金融的未来指明方向，并为实现碳中和目标提供新的动力。

第一节 转型金融的国际发展与演进

“转型”一词描述的是经济活动或行为模式随时间而发生的演变，它强调的是过程而非最终状态。这表明，转型并不要求当前的活动必须是环保或低碳的，而是指向一个从高碳向低碳过渡的过程。绿色金融在近年来迅速发展，国内外已经形成了较为明确的分类和标准。尽管这些明确的标准有助于防止“洗绿”现象，但它们的严格性也限制了其在支持实体经济能源转型方面的灵活性和覆盖范围。许多具有可行低碳转型计划的大型高碳排放企业，由于其活动不被视为“绿色”，难以获得绿色金融的支持。这些企业在全球温室气体减排中扮演着关键角色，因此需要大量资金来促进其转型。因此，自 2020 年以来，转型金融在国际和国内都受到了广泛关注和快速响应。

转型金融尚未有一个被普遍接受的定义或标准。这一概念是在推动气候转型和气候金融、绿色金融、可持续金融的全球背景下提出的。国际上，转型金融的概念起源于可持续金融，最早由欧盟在 2016 年提出。2019 年，经济合作与发展组织（OECD）正式提出了转型金融的概念，并成为最早研究这一领域的机构之一。

---

① 向家莹.“双碳”支持政策密集部署 资金“保障网”加快成型[N]. 经济参考报，2021-10-15（A2）.

OECD的报告显示，截至2021年6月，已有超过12家机构在其绿色或可持续金融文件中对转型金融进行了描述，包括政府、行业协会、智库和金融机构。这些文件涵盖分类标准（taxonomy）、投资指南和原则等，也包括政府和市场参与者提议或正在讨论的规范性文件，具体包括日本（2项）、马来西亚、欧盟、俄罗斯、新加坡的政府部门，国际资本市场协会、气候债券倡议组织等行业协会以及新加坡星展银行、北京安盛投资管理、欧洲复兴开发银行等金融机构。

尽管国际上尚未就转型金融的具体界定方法或认定标准达成共识，但OECD的报告指出，近年来已有金融机构基于部分共识发行了多达39个金融产品，主要为债务融资工具，如可持续发展挂钩债券和信贷产品。这些产品在支持的行业类别、挂钩的可持续发展目标、转型要求和融资条件等方面存在差异，但共同遵循的核心要素包括：显著的减排效应、明确的转型目标与路径，转型目标的可衡量性、可报告性和可核查性（MRV），以及转型金融产品的设计应包含激励或惩罚措施，确保融资条件与转型目标的实现挂钩。

2020年3月，欧盟进一步区分了绿色金融和转型金融的概念，将转型金融定义为支持传统碳密集型经济活动或市场主体向低碳和零碳排放转型的金融支持。[①]在中国，ICMA的《气候转型金融手册》（*Climate Transition Finance HandbookGuidance for Issuers*）提供了转型金融的定义，即支持市场实体、经济活动和资产项目向低碳与零碳排放转型的金融支持，特别针对传统的碳密集和高环境影响项目、经济活动或市场主体。《欧盟可持续金融分类标准》（*Sustainable Finance and EU Taxonomy Package*）将转型活动定义为在尚未提供低碳替代品的部门内，为实现减缓气候变化目标而进行的重大贡献活动。日本经济产业省的“环境创新金融研究组”提出了“转型、绿色、创新、融资（TGIF）”理念，并将转型作为支柱之一，支持产业向低碳、脱碳方

① 马骏，程琳. 转型金融如何支持碳中和[J]. 中国银行业，2021（09）：36-39.

向转变，但具体定义和分类仍需进一步明确。英国气候债券倡议组织提出了转型的五项原则，强调融资的绿色属性和避免“洗绿”风险。中国银行间交易商协会（NAFMII）在2021年4月底发布了《可持续发展挂钩债券（SLB）十问十答》，计划推出的可持续发展挂钩债券也属于转型金融范畴。

中国在绿色金融领域的起步较早，已经形成了一定的规模和体系。转型金融作为一个相对较新的概念虽然提出时间不长，但已经在中国的一些地区和金融机构中得到了实践和探索。中国在转型金融有以下方面发展和进展。

在试点项目上，浙江湖州和河北钢铁行业已对转型金融开展实践探索。2022年1月，浙江湖州市作为绿色金融改革创新试验区，率先出台了《深化建设绿色金融改革创新试验区探索构建低碳转型金融体系的实施意见》，系统规划了转型金融的发展路径，并提出了转型金融的定义，即专为碳密集行业低碳转型提供金融服务的创新工具[①]。在项目和行业层面，转型金融标准侧重于能源、工业等重点领域，以及围绕碳达峰行动方案确定的行业。

2024年初，河北省出台了首个针对钢铁行业的转型金融工作指引《河北省钢铁行业转型金融工作指引（2023—2024 年版）》，这是全国首个定位于钢铁行业的转型金融指导文件。该《指引》为金融机构提供了政策依据，帮助金融机构精准识别钢铁企业的低碳转型活动，并为钢铁企业编制转型方案提供了便利。2023年10月，中国银行成功发行了全球首笔由金融机构发行的钢铁转型债券，专项支持河北省钢铁企业的绿色转型项目。这笔3亿欧元的债券期限为3年，资金将用于支持河钢等企业的节能减排和废钢炼钢等领域，符合国际气候转型标准。[②]

---

① 马梅若. 转型金融将迎发展“窗口期”[N]. 金融时报，2022-04-13（3）.

② 中国人民银行河北省分行课题组. 以转型金融助力钢铁行业低碳发展[J]. 中国金融，2023（22）：58-59.

在国际合作与指南方面，香港绿色金融协会发布的《气候转型融资指南》为转型金融提供了国际视角和实践指导，强调了转型金融的有效性，包括与《巴黎协定》目标一致的转型计划和时间表。

在金融机构的参与方式与工具创新方面，中国的金融机构如中国银行和中国建设银行，已经开始推出支持转型金融的指导性文件，如《转型债券管理声明》。[①]中国已经开发了多种转型金融工具，如转型债券和可持续发展挂钩贷款。截至 2022 年 6 月末，中国共发行了 14 只转型债券，总金额达 109 亿元人民币，这些债券的募集资金主要用于推动传统行业的低碳转型升级。[②]

在国际标准对标方面，中资商业银行在可持续发展挂钩贷款方面，积极对标国际业务指南如《可持续发展挂钩贷款原则》，并开展了业务创新实践。据彭博统计，截至 2022 年 3 月末，中资商业银行参与的可持续发展挂钩银团贷款累计金额超过 500 亿元人民币。

第二节　转型金融与绿色金融的理论联系、区别与创新

转型金融与绿色金融间存在共同的目的与业务内容上的区别，在联合国环境规划署所构建的可持续金融框架中，两者共同致力于减缓气候变化，服务于实现《巴黎协定》中所设定的减排目标。然而，从定义上区分，绿色金融主要资助清洁能源、绿色交通和绿色建筑等低碳新项目，而转型金融则专注于帮助碳密集型产业和高能耗项目实现低碳转型。绿色金融的资助范围广泛，而转型金融则更注重于现有产业的低碳化改造。

转型金融在某种程度上是对绿色金融的补充和完善，因为它关注

① 樊融杰，仇兆燕. 转型金融：困惑与挑战[N]. 中国银行保险报，2022-11-01（5).

② 张明生. 从国际创新实践看转型金融在我国的发展前景[J]. 中国外汇，2022（16)：50-53.

传统产业的可持续发展，这在碳中和的大背景下尤为重要。转型金融的概念最早由 OECD 在 2019 年提出，并得到了欧盟、日本和气候债券倡议组织等国家和国际机构的认可，尽管具体定义和标准各有差异，但普遍认为转型金融应特别关注水泥、钢铁和能源等行业。

在中国，转型金融作为一种新兴的政策性金融工具，仍处于发展初期，与已经取得全球领先地位的绿色金融相比，还有很大的发展空间。中国人民银行在 2022 年的研究工作电视会议上强调，需要深化转型金融的研究，确保绿色金融与转型金融的有效衔接，并形成切实可行的政策措施。得益于绿色金融的成熟体系，转型金融有了可借鉴的经验，同时也需要建立自己的标准体系，以弥补绿色金融在某些领域的不足。例如，2021 年更新的《绿色债券支持项目目录》中，煤炭清洁利用项目被移除，这表明转型金融工具可以为高排放企业提供更为经济高效的转型路径。

第三节　中国转型金融未来面临的挑战

在全球范围内，绿色低碳转型已成为应对气候变化的共同战略选择，而可持续的投融资活动是实现这一战略的核心。在《巴黎协定》的背景下，中国正积极应对转型金融领域的挑战，旨在引导其健康发展，并在气候行动框架内充分发挥潜力。

金融机构在推动转型金融方面扮演着至关重要的角色，它们需要不断创新业务模式，以适应低碳转型的新要求。中国的“1+N”政策体系强调了金融部门在推动绿色发展中的重要作用，将金融与各行各业紧密联系起来。尽管绿色金融已经支持了清洁能源和绿色交通等领域，但这些措施还不足以覆盖所有需要转型的领域。因此，金融部门需要探索新的支持方式，特别是对于高污染行业的绿色转型。

在碳中和目标的推动下，转型金融成为金融部门支持实体经济绿色发展的关键途径，也是绿色金融在“双碳”领域改革的焦点。金融机构不仅需要优化资源配置，提升服务水平，还需要积累气候投融资经验，引导绿色服务升级，并创新绿色金融产品，如绿色、社会和可持续发展（GSS）债券以及可持续发展挂钩债券（SLB），以提高绿色资金的使用效率和综合管理水平。

对于高污染、高排放行业，转型金融提供了实现绿色转型的软着陆路径。这些行业在减污降碳的过程中面临风险和不确定性。转型金融有效地填补了绿色金融在高碳企业和棕色资产领域的空白，成为实现“双碳”目标的关键。然而，这些行业在转型过程中也面临挑战，如碳达峰、碳中和路径的不确定性，以及中小微企业在享受绿色转型机遇方面的困难。

在标准化方面，转型金融的国际标准尚未统一，这为中国提供了提升标准解释力和气候话语权的机会。中国面临的挑战包括行业差异、路径差异和评估差异。为了推动全球绿色升级转型，中国需要建立和完善全行业转型金融标准，为“1+N”政策体系和全球可持续发展提供支持。同时，中国需要建立科学的低碳发展评估体系，为转型金融支持的行业和企业提供评价和界定。

总体而言，中国的转型金融需要在政策和市场创新上取得突破，建立评价体系和激励机制，以在《巴黎协定》框架下发挥更大潜力。资金结构性矛盾需要解决，以确保高排放企业能够获得足够的资金进行转型，同时绿色资金能够有效对接项目需求。此外，中国还需要加强国际合作，分享转型金融的最佳实践，推动全球绿色金融市场的发展，为全球气候治理贡献中国智慧和中国方案。通过这些努力，中国有望在转型金融领域实现标准化、国际化，为全球气候行动提供强有力的支持。

第四节　中国转型金融未来实践展望

中国在绿色金融市场的领先地位并不意味着转型金融的重要性有所减弱。相反，转型金融在推动绿色金融创新和实现“双碳”目标方面扮演着不可或缺的角色，同时为中国在全球气候治理和可持续发展中的贡献提供新的动能。中国金融业在转型金融领域的探索和创新预示着巨大的发展潜力和机遇。

一、高碳行业积极把握转型机遇

在传统的绿色金融框架内，高碳行业的转型往往未得到足够的关注。绿色金融主要聚焦于支持新兴的绿色产业，如清洁能源和绿色交通，而对高污染、高排放行业的支持相对较少。这些行业在低碳转型过程中面临资金、技术和市场适应性等多重挑战。然而，这些行业对于中国实现“双碳”目标至关重要。一些高碳企业已经开始意识到转型的紧迫性，并寻求转型金融的支持，以实现平稳过渡。

二、转型金融助力行业克服转型挑战

转型金融相较于绿色产业和项目，面临更多的风险和不确定性。由于转型需求涉及的企业和产业规模庞大，转型金融的市场潜力巨大。金融机构在支持企业转型时，必须建立风险管理机制，如设立风险准备金，以应对可能的失败风险。转型过程可能对供应链产生影响，金融机构和相关部门需共同防范这些风险。随着政策激励和监管机制的完善，社会资本将更多地投入到转型金融领域，金融机构需要建立和完善转型金融的标准，提高透明度。

三、金融业推动绿色服务创新

转型金融为金融机构提供了实现长期可持续发展的新机遇。金融机构可以通过转型金融将绿色资金与实体经济的转型活动有效对接，进一步完善绿色金融体系，为银行信贷创造新的增长点。金融机构需要优化资源配置，提升服务水平，积累气候投融资经验，引导绿色服务升级。转型金融要求金融机构在资产识别、碳足迹核算、环境披露等方面提高标准，这有助于提升金融机构的绿色金融业务能力，为实现碳达峰和碳中和目标提供数据支持。金融机构还需要为高碳企业提供个性化的转型方案，这不仅有助于提升其业务能力，增强客户忠诚度，也是完善转型金融项目库和案例库的重要途径。

本章小结

本章聚焦于转型金融（transition finance）的概念、发展和在中国的实践。在全球气候变化和碳中和目标的背景下，转型金融作为绿色金融的重要组成部分，旨在支持传统高碳行业向低碳经济的过渡。本章首先介绍了转型金融的国际发展与演进，包括其定义、标准和国际实践；其次详细阐述了转型金融与绿色金融的理论联系、区别以及在中国的发展现状，强调了转型金融在支持高碳行业低碳转型中的独特价值；再次，还讨论了中国在转型金融领域的挑战和未来实践展望，包括金融机构在推动转型金融方面的创新实践，以及如何通过政策和市场创新来克服转型过程中的风险和不确定性；最后，强调了中国在转型金融领域的发展潜力，以及在全球气候治理和可持续发展中的贡献，展望了转型金融在中国未来的发展方向和可能的创新路径。

参考文献

[1] 曹依蓉. 中国区域低碳绿色转型测度及影响因素分析——基于省级动态面板数据的实证研究[J]. 商业经济研究，2015（13）：56-58.

[2] 邓慧慧，杨露鑫. 雾霾治理、地方竞争与工业绿色转型[J]. 中国工业经济，2019（10）：118-136.

[3] 邓慧慧，支晨. 雾霾治理、户籍制度改革与城市劳动生产率[J]. 中国人口·资源与环境，2024，34（04）：138-149.

[4] 董宁. 我国信贷支持高碳行业绿色低碳转型机制、问题及政策建议 [J]. 金融发展研究，2022（06）：90-92.

[5] 杜创国，郭戈英. 绿色转型的内在结构和表达方式——以太原市的实践为例[J]. 中国行政管理，2010（12）：114-117.

[6] 顾蔚. 绿色金融百科知识：一本书掌握绿色经济与绿色金融知识[M]. 北京：中国经济出版社，2023.

[7] 郭希宇. 绿色金融助推低碳经济转型的影响机制与实证检验[J]. 南方金融，2022（01）：52-67.

[8] 海南省绿色金融研究院. 绿色视角看绿色金融：理论与政策[M]. 北京：中国金融出版社，2023.

[9] 李文超. 政府强制与市场激励中介变量下的流通产业绿色转型研究[J]. 商业经济研究，2019（21）：33-36.

[10] 李志青，丁丽霞. 衢州绿色金融的探索与实践[M]. 上海：复旦大学出版社，2021.

[11] 刘纯彬，张晨. 资源型城市：绿色转型与一般经济转型比较[J]. 开放导报，2009a（03）：57-61.

[12] 刘纯彬，张晨. 资源型城市绿色转型初探——山西省太原市

的启发[J]. 城市发展研究，2009b，16（09）：41-47.

[13] 刘丰，苏群. 发展转型金融支持低碳转型[J]. 中国金融，2023（15）：32-33.

[14] 刘琢玮，王曙光. 碳金融与企业低碳转型研究——以中国钢铁行业为例 [J]. 工业技术经济，2023，42（09）：55-64.

[15] 柳亚琴，孙薇，朱治双. 碳市场对能源结构低碳转型的影响及作用路径[J]. 中国环境科学，2022，42（09）：4369-4379

[16] 鲁政委，钱立华，方琦. 碳中和与绿色金融创新[M]. 北京：中信出版社，2022.

[17] 陆小成. 城市更新视域下低碳创新型社会构建研究——以北京为例[J]. 生态经济，2024，40（01）：63-69+77.

[18] 马杰，李梦莲，李会娟，等. 绿色税收对资源型企业绿色转型的效应分析——基于超效率 SBM-GML 模型的实证[J]. 生态经济，2023，39（03）：159-167.

[19] 马骏. 碳中和愿景下的绿色金融路线图研究[M]. 北京：中国金融出版社，2022.

[20] 孟禹，郭凯，张莹莹. “双碳”目标下绿色金融助力经济低碳转型的机制研究——基于绿色索罗模型 [J]. 地方财政研究，2023（09）：86-98.

[21] 清华大学国家金融研究院绿色金融研究中心. 绿色金融[M]. 北京：中译出版社，2022.

[22] 尚文芳，路寒霜，夏西强. 考虑政府补贴与消费者偏好的绿色供应链物流策略研究[J]. 数学的实践与认识，2023，53（12）：76-89.

[23] 唐葆君，王璐璐. 碳金融学[M]. 北京：中国人民大学出版社，2022.

[24] 王宁. 双碳目标下金融支持钢铁行业绿色低碳转型调查[J]. 河北金融，2021（10）：15-16+20.

[25] 王文，刘锦涛. 绿色金融：金融强国的新动能[M]. 北京：中

国金融出版社，2023.

[26] 王遥，毛倩. 全球绿色金融发展报告（2022）[M]. 北京：社会科学文献出版社，2023.

[27] 王遥，许余洁，任玉洁. 绿色金融科技创新：基础理论与行业实践[M]. 北京：中国金融出版社，2023.

[28] 王瑶，崔莹. 气候金融[M]. 北京：中国社会科学出版社，2021.

[29] 肖龙阶，陈实，袁潮清. 异质性视角下碳排放权交易政策对企业绿色创新影响分析——基于上市公司的绿色专利数据[J]. 科技管理研究，2023，43（02）：177-185.

[30] 杨继瑞. 彭州打造“共富城乡”的实践与启示[J]. 当代县域经济，2022（05）：16-21.

[31] 杨涛，杜晓宇. 绿色金融：助力碳达峰、碳中和[M]. 北京：人民日报出版社，2021.

[32] 于连超，耿弘基，毕茜. 绿色税制改革对企业环境绩效的影响研究[J]. 管理学报，2023，20（06）：916-924.

[33] 张宏伟. 地方金融绿色普惠与科技创新探索[M]. 北京：中国金融出版社，2023.

[34] 张修凡，范德成. 碳排放权交易市场对碳减排效率的影响研究——基于双重中介效应的实证分析[J]. 科学学与科学技术管理，2021，42（11）：20-38.

[35] 钟昌标，卢建霖. 大数据试验区建设推动我国工业绿色转型了吗[J]. 江西社会科学，2023，43（01）：122-133.

[36] 周朝波，覃云. 碳排放交易试点政策促进了中国低碳经济转型吗?——基于双重差分模型的实证研究[J]. 软科学，2020，34（10）：36-42+55.

[37] 朱信凯，周月秋，王文. 中国绿色金融发展研究报告 2023[M]. 北京：中国金融出版社，2023.

后 记

本书是笔者在深入研究和实践的基础上，旨在为读者提供一个全面、系统的绿色金融知识体系，以及在不同行业绿色转型过程中的实际应用案例。希望通过这本书，能够为政策制定者、金融从业者、企业决策者以及对绿色发展感兴趣的个人提供参考和启发。

在编写过程中，笔者始终坚持以下原则：

理论与实践相结合。本书不仅详细介绍了绿色金融的理论基础，还通过丰富的案例分析，展示绿色金融在实际中的应用，力求让读者能够更好地理解绿色金融的运作机制和实践效果。

系统性与针对性并重。在内容安排上，本书力求构建一个完整的绿色金融知识框架，同时针对不同行业的特点，提供具有针对性的绿色转型策略和建议。

前瞻性与实用性兼顾。在分析现有绿色金融政策和市场动态的基础上，努力预测未来发展趋势，并提出具有前瞻性的建议，以帮助读者把握绿色金融的发展方向。

国际视野与本土实践相结合。本书在借鉴国际绿色金融发展经验的同时，特别强调中国尤其是河北省在绿色金融领域的实践，以期为地方绿色发展提供参考。

通俗易懂与专业深度并行。本书力求用简洁明了的语言阐述复杂的金融概念，同时保持内容的专业性和深度，以满足不同层次读者的需求。

众所周知，绿色金融与绿色转型是一个不断发展的领域，本书所涉及的内容可能无法涵盖所有最新动态，笔者期待读者的反馈和建议，以便在未来的工作中不断完善和更新。

最后，感谢每一位阅读本书的读者，您的选择是我们继续努力前进的动力，让我们共同期待一个更加绿色、可持续的未来。

董　辉

2024 年 2 月